名著导读名家讲解版

谈美书简

朱光潜 著

岳麓书社·长沙

总　序

每一部名著，都经受过历史老人苛刻的检验。换句话说，只有通过了历史老人苛刻检验的文化产品，才能称得上是名著。同样的，每一部名著，也都经受过地域空间的检验。换句话说，只有跨越了地域空间遥远阻隔的文化产品，才能称得上是名著。

名著能否不朽，不在于镌刻金石还是抄录纸张，也不在于尘封书库还是流传网络，而在于名著本身是不是蕴含着隽永而灵动的意义、丰厚而深邃的精神。有了这些，名著便足以不朽。而不朽的名著，借助读者的观赏和阅读，更加得以长存。

我们为读者呈献的这套丛书，以最新版中学语文教科书中设置的“名著导读”及“自主阅读”所列书目为基础，包括数十部精挑细选的古今中外名著，有中国古典的《世说新语》《唐诗三百首》《三国演义》《水浒传》《西游记》《红楼梦》《聊斋志异》……有中国现代的《朝花夕拾》《呐喊》《骆驼祥子》《湘行散记》《山地回忆·芦花荡——白洋淀纪事》……还有来自域外的《格列佛游记》《简·爱》《猎人笔记》《名人传》《海底两万里》《钢铁是怎样炼成的》《泰戈尔诗选》……它们不仅是货真价实的文化精品，更是蕴藏丰富的文化宝藏。

阅读名著，既是一场灵魂的对话，也是一场生命的体验。在这场灵魂对话中，读者可以自由自在地超越渺远的时间和广袤的空间，“观古今于须臾，抚四海于一瞬”（陆机《文赋》）。在这场生命体验中，读者可以出入自如地周游外在的宇宙和内在的心灵，“念天地之悠悠，独怆然而涕下”（陈子昂《登幽州台歌》）。

每一个人，当他呱呱落地的时候，都有一颗赤子之心，犹如一张白纸，好写最新最美的文字，好画最新最美的图画。而阅读就是这支写字和绘画的生花妙笔，阅读名著就是为洁白的心灵书写最新最美的文字，彩绘最新最美的图画。

来自北京师范大学、北京大学等著名高校的专家学者，凭借他们自身丰富的文化修养、生活体验、审美感受和人文精神，将陪伴每一位读者，走进中外名著的文本世界，欣赏五彩缤纷的文学景观，享受视觉和听觉的盛宴。

对每一位读者来说，接受这套丛书，既是一次阅读的挑战，也是一次思考的挑战。

我相信，你一定愿意接受挑战，也一定能够成为挑战的胜者。

我也相信，经历中外名著洗礼的心灵，是最为玲珑剔透的心灵，也是最为绚丽多彩的心灵。能够永远葆有这样的心灵，是一生之福。

北京师范大学文学院教授　郭英德

2016 年 12 月 28 日

导　读

在中国美学界乃至整个人文社会科学界，朱光潜是一位地地道道的大家。他享有“中国现代美学奠基人”这一崇高声誉，学界亲切地称他为“美学一代宗师”和“美学老人”。

朱光潜（1897—1986），别名孟实，安徽桐城人，现当代著名美学家、文艺理论家、教育家、翻译家。他的家乡是清代著名文学流派桐城派发祥地。从六岁开始，朱光潜便在父亲的督导下接受传统教育，十五岁时被送入官办小学，后升入桐城中学。桐城派古文家吴汝纶便是这所中学的创始人，当时的校长孙闻国、国文教师潘季野在古典经文及诗词方面都很有造诣。受这种氛围的熏陶，朱光潜对中国传统文化尤其是古典诗歌产生了浓厚的兴趣。这所中学“合东西国，学问精粹，陶冶而成”的校训也深刻影响了他后来求学问道的志趣。

中学毕业以后，朱光潜先是当了半年的小学教师，其后进入武昌高等师范学校学习，入读国文系。1918 年，朱光潜进入香港大学学习。1922 年毕业于香港大学文学院。香港大学四年的求学经历，奠定了他一生教育活动和学术活动的方向，让他这个曾经受旧式教育培养的人，在文化、伦理、政治、文学等各方面都发生了重大的观念转变。这可以说是他人生的第一个转折点。

1925年，他留学英国爱丁堡大学，致力于文学、心理学与哲学的学习与研究，后在法国斯特拉斯堡大学获文科博士学位。八年欧洲留学生涯，可以说是朱光潜人生的第二次转折。他的《文艺心理学》、《谈美》、《变态心理学》、《诗论》初稿和用英语撰写的博士论文《悲剧心理学》都是在这个时期完成的。欧洲留学的经历，不仅树立了他作为青年学者的地位，也使他对西方的哲学、心理学、文学批评、艺术史、美学等都有了自己深刻的见解。1933年回国后，朱光潜历任四川大学、武汉大学、北京大学教授。1946年后一直在北京大学任教，讲授美学与西方文学。

1949年至1986年，可以说是朱光潜人生的第三次转折。他不仅见证了中华人民共和国的诞生，而且也经历了像他这样的旧知识分子的改造，还积极学习了马克思列宁主义。

无论是从他的教育背景、求学经历来看，还是从他的三次人生转折、人生阅历和著书立说来看，朱光潜先生毫无疑问是一位学贯中西、著译宏富的美学大家，在沟通中西方美学方面起到了桥梁作用，而且在融合中西美学，探索中国传统美学现代化的过程中，创造了自己独具特色的美学体系。提到中国美学的发展，任何人都不可能绕过他。

朱光潜一生的著作有很多，他主要编著有《文艺心理学》《悲剧心理学》《谈美》《诗论》《谈文学》《克罗齐哲学述评》《西方美学史》《美学批判论文集》《谈美书简》《美学拾穗集》等，翻译了《歌德谈话录》、柏拉图的《文艺对话集》、莱辛的《拉奥孔》、黑格尔的《美学》、克罗齐的《美学原理》、维科的《新科学》等。为方便研究马克思列宁主义原著，他在花甲之年开始自学俄语，更在八十多岁高龄之际写出《谈美书简》和《美学拾穗集》，翻译了近代

第一部社会科学著作——维科的《新科学》，学习研究一生不辍。

《谈美书简》这本书的初版时间是20世纪80时代，朱光潜以自己深厚的美学积淀和敏锐的眼光，对一些事关中西美学融合、中国传统美学现代化，以及创造独具特色的中国美学体系的重大问题展开了程度不一的讨论，对相关的问题进行了积极深入的思考。

在《谈美书简》中，朱光潜主要讨论了怎样学美学、关于马克思主义与美学的一些误解、美的本质、艺术是一种生产劳动、形象思维与文艺的思想性、典型环境中的典型人物、审美范畴中的悲剧性和喜剧性、生理学同美和美感的关系、浪漫主义和现实主义的关系、文学作为语言艺术的独特地位，以及审美教育、怎样评价唯心主义美学家等等一系列重要的问题。特别是针对人性、人道主义、人情味、共同美和形象思维等涉及美学、文艺理论的基本问题，提出了自己的看法。这些问题都从不同角度表达了朱光潜的美学见解，以及他对中国现代美学建设方向的独特思考。今时今日，这些问题仍具有极强的的理论价值和生命力。他的思考和见解，对于我们推动当下的美学建设仍具有指导意义和启示价值。

《谈美书简》虽然篇幅不长，但内涵极其丰富，我们应该从哪些角度去阅读它呢？

首先，朱光潜采用书信体这种文体来写作，有其特有的意义。其一，是对他早年所写的《谈美——给青年的第十三封信》的一种历史性的延续；其二，书信这种文体，便于拉近与读者朋友之间的距离。

书信是一种轻松、随意的书面交流形式，讨论的话题相对灵活、自由、轻松，不必刻意追求某种体系性、完整性。从最初的《给青年的十二封信》，到《谈美》，再到《谈美书简》，以及《美学拾穗集》，我们不难发现，在朱光潜的学术著述中，书信体的写作所占据的比例是非常突出的。真正的学术大家往往都是最擅长用通俗易懂的语言把自己的思想和观点表达出来，并且在和读者朋友们拉家常交心的过程之中来传达自己的观点和见解，这就是他们的过人之处。我们在阅读《谈美书简》的过程中，能够真切、具体地感受到朱光潜的种种情感态度，在他通俗易懂、生动风趣而不失幽默的文字中领会他的美学思想，学习他对一系列长期争论不休的关键性美学问题的见解和认识，都与他有意识地采用了书信这种文体密不可分。这也恰恰体现了朱光潜的美学态度和美学趣味。在他看来，一个不敢流露情感，尤其是不敢流露真实的情感，不谈个人感受和经历的人，是不适合学习美学或者谈论美学的。朱光潜先生以他自己的写作方式，实践了他的美学观念，做到了知行合一，这是值得我们初涉美学门庭的青少年读者用心去体会和学习的。

其次，我们要学习朱光潜敢于讲真话、敢于讲自己的话的立场和态度。阅读《谈美书简》，我们能够从头至尾感受到朱光潜追求真理的勇气和表达自己的观点和见解的勇气。比如在第二封信中，朱光潜提到《罗丹艺术论》附载的《读后记》存在明显的问题，于是对《读后记》作者的观点进行了一系列的分析和批判。随着分析的深入，朱光潜的态度变得激烈起来，他忍不住质问《读后记》的作者："试问罗丹既不能正确辨认生活与艺术中的一切美丑现象，他不就成了白痴吗?"在差不多五十年之后，我们读到上面的文字，仍然能够从字里行间感受到朱光潜的激动乃至愤怒。

第三，我们要像朱光潜那样，保持对时代的敏感，保持对学术前沿的敏感。只有勇敢地介入具有前沿性的话题，才能够为学术界贡献有价值的意见和建议，发出自己的声音。在这方面，朱光潜无疑为我们做了很好的榜样。比如，在第四封信中，朱光潜准确无误地表达了对时代变化与美学研究之间的关系的认识和评价。在他看来，历史在发展，审美的形式在发生着变化，文艺媒介已经出现了新的形态。面对这些新的动向、新的形态，研究美学的人要表现出足够的敏感和高度地追踪前沿的自觉。

除此之外，朱光潜还从更宽广的视野指出："现在全世界各民族之间的文化交流已比过去远为广泛而迅速，没有哪一个民族可以'闭关自守'。"朱光潜先生的这一个主张虽然是在差不多五十年前提出的，但是放在今天的语境下来看，一点也不过时。

第四，通过研究、学习《谈美书简》，我们可以大体了解朱光潜先生从事美学研究的学术历程。特别是在 1957 年的全国美学大讨论之后，他的这种转变就更加值得关注，也更加令人肃然起敬。作为批判对象，朱光潜不仅没有回避这场讨论，而且也是以超乎常人想象的态度，积极地投入到了这场针对他自己过去美学思想的批判之中。他既不隐瞒，也不回避自己过去的美学观点，但是同时也不轻易地去认可他自己认为不正确的批判。这样就在客观上带动大家不断前进，促进了 20 世纪 50 年代中国美学研究的蓬勃发展。

第五，我们可以从《谈美书简》中学习到朱光潜批判地学习和吸收西方美学的态度。他对待颓废派、"人性论"和"人道主义"的态度，都有自己独特的主体性意识，而这些都是我们当今的青少年读者应该具备的批判性思维的学习源泉。

第六，我们可以把《谈美书简》当作学习美学、研究美学的入门读物。朱光潜在这本导论性的著作里，毫无保留地分享了一些学习美学的基本路径和方法，这些都是非常值得青少年读者和美学爱好者学习和研究的。他掌握了多门外语，翻译了多部西方美学史上的著作，把对于外语的学习和学术研究结合起来，探索更多不同民族的美学艺术，品味更多的不同民族的文学艺术之美，学术研究也由此得到有力的支撑。

以上可以视为我们阅读《谈美书简》的六个不同角度。此外，我们还可以从《谈美书简》中学习作者非常漂亮的文字表达和写作文的方法，并从中领悟他所分享的读书方法。这一点与他早年写的《给青年的十二封信》构成了某种历史的延续，两本书可以结合起来读。

对广大青少年读者来说，阅读《谈美书简》还有一个值得注意的地方就是，它为我们初步学习美、研究美的兴趣爱好者提供了基本的框架。就美学而言，需要掌握一些基本的概念和范畴，需要对美学史的发展演变作简明扼要的梳理和掌握。对每一个初涉美学门庭的人来说，恐怕都不能避开对“什么是美”的理解和讨论，同样也离不开对美的属性或本质的讨论。朱光潜提醒大家思考两个基本的问题，美单是主观的吗？或单是客观的吗？美能否离开美感而独立存在呢？在他看来，想通了这两个问题，许多美学上的问题就迎刃而解了。

无论是《谈美书简》，还是《谈美》，都是继《给青年的十二封信》之后的书信体著作。这是作者尽量用通俗易懂的大众书信体来向他所关心的青年朋友，包括初涉美学研究，对美学、文艺学、心理学感兴趣的朋友们，来讨论艰深学术问题的一种尝试和实践，是他努力要扩大自己美学见解影响的有效途径，值得读者用心体会。

那么,像《谈美书简》这类属于“语言文学理论著作”范畴的学术著作,要如何来读懂它呢?中国古人常说“文无定法”,借用这个说法,在涉及对阅读学术著作的方法和规律的认识时,我们也大致可以说“读无定法”。不过,“无定法”并不等于“无法”,更不等于不需要“法”。对于我们广大的青少年读者来说,阅读这类学术著作时,大致可以把握如下要点:

首先,要有一种“不求甚解”的心态。绝大多数的学术著作,都是围绕某一个学科领域的专门话题来展开的精深研究。对于任何一个非专业的读者来说,在阅读这类学术著作时,都会遇到一些专门的范畴、术语。与此同时,还可能需要对这门学科、著作中所讨论的问题的学术史背景知识进行掌握。所以,在阅读此书时遇到了类似的困难,大可不必惊慌,更不必有任何的挫折感。正确的方法是,可以囫囵吞枣式地对待这些范畴术语,只要从头至尾抓住朱光潜梳理和评述的两大主要线索即可。至于个别用词、用语的艰深晦涩,更是不必在意。因为这些艰深晦涩处,根本不是朱光潜的本意,而只不过是他引用的他人的观点或材料中原本就有的。

其次,要有一种整体观念。一般来说,一部学术著作都会围绕一些核心论点或主要命题来进行多侧面、多角度的分析和论述,尽可能深入、细致、全面地阐述著作人的认识和见解,让读者认可甚至接受其观点与主张。从整体、系统的角度去学习作者的美学思想、美学见解,学习他分析美学问题的方法,了解他对待美学问题的态度,那么很多问题就会迎刃而解了。

第三,要有进一步探究的愿望和准备。阅读和研习学术著作,更多的是开拓自己的视野、激发起初步的学术探究的兴趣和热情,为今后进一步从事学术探究打下一定的基础。阅读和研习《谈美书简》,最重要的就是激发对美的热情,培养感受美、体验美的兴趣,学习一些体验美的方法,为将来进一步提高自己的审美趣味提供一些有益的指引,为进一步思考乃至探究美学问题提供一点学理上的准备。美学既是迷人的,也是丰富的。如果我们的青少年读者能够从现在起就为将来步入美学的殿堂做一点准备,那么,未来的美学事业就会迎来源源不断的新生力量。

作为中国现代美学的主要奠基人之一,朱光潜先生对美学的探索和研究具有持续性和连贯性。他对美学相关问题的思考,不仅深入了东西方美学的核心地带,而且贯穿了中国现代美学建设的历史进程。就这个意义而言,通过阅读朱光潜先生的美学著作,就可以大体把握中国现代美学发展的基本历程,并从他的著作中窥见中国现代美学发展、建设的基本面貌。因此,在阅读了《谈美书简》后,进一步去阅读他的《给青年的十二封信》《谈美》《诗论》《文艺心理学》和《悲剧心理学》等著作,可以更好地认识和理解朱光潜先生的美学思想,在拓展阅读中扩大自己的眼界,是非常具有启发性而又趣味横生的阅读经历。

美对于任何时代的青年来讲,始终是有吸引力的一个命题,也始终是我们追求完满人生、追求健全人格的青少年应该去关注的话题。

姚建彬

姚建彬《谈美书简》讲解

序号	标题	二维码
1	朱光潜的生平和著述概况	
2	如何阅读《谈美书简》这类学术著作	
3	《谈美书简》的成书背景	
4	《谈美书简》探讨的主要问题	
5	《谈美书简》采用书信体写作方式的意义	
6	体悟《谈美书简》中的治学精神	

续表

序号	标题	二维码
7	体悟《谈美书简》中的学术品格	
8	朱光潜美学研究的学术历程	
9	朱光潜对待西方美学的态度	
10	研究美学的入门读物 ——《谈美书简》	
11	《谈美》和《谈美书简》的异同	
12	美学问题的拓展阅读	

《谈美书简》精华片段演播

序号	标题	二维码
1	一　代前言：怎样学美学？（节选）	
2	二　从现实生活出发还是从抽象概念出发？（节选）	
3	七　从生理学观点谈美与美感（节选）	
4	八　形象思维与文艺的思想性（节选）	
5	九　文学作为语文艺术的独特地位（节选）	

目录

谈美书简

谈美书简

一　代前言:怎样学美学?

朋友们:

从1965年到1977年,我有十多年没有和你们互通消息了。"四人帮"反党集团被一举粉碎之后,我才得到第二次解放,怀着舒畅的心情和老骥伏枥的壮志,重理美学旧业,在报刊上发表了几篇文章。相识和不相识的朋友们才知道我这个本当"就木"的老汉居然还在人间,纷纷来信向我提出一些关于学习美学中所遇到的问题,使我颇有应接不暇之势。能抽暇回答的我就回答了,大多数却还来不及回答。我的健康状况,赖经常坚持锻炼,还不算太坏,但今年已八十二岁,毕竟衰老了,而且肩上负担还相当重,要校改一些译稿和文稿,带了两名西方文艺批评史方面的研究生,自己也还在继续学习和研究,此外因为住在首都,还有些要参加的社会活动,够得上说"忙"了。所以来信多不能尽回,对我是一个很大的精神负担。朋友们的不耻下问的盛情都很可感,我怎么能置之不理呢?都理吧,确实有困难,如何是好呢?

不久前,社会科学院外文所在广州召开了工作规划会议。在会议中碰见上海文艺出版社的同志,谈起我在解放前写的一本《谈美——给青年的第十三封信》,认为文字通俗易懂,颇合初学美学的青年们需要,于是向我建议另写一部新的《谈美》,在这些年来不断学习马列主义、毛泽东思想的基础上,对美学上一些关键性的问题谈点新的认识。听到这个建议,我"灵机一动",觉得这是一个好机会,让我给来信未复的朋友们做一次总的回答,比草草作复或许可以谈得详细一点。而且到了这样大年纪了,也该清理一下过去发表的美学言论,看看其中有哪些是放毒,有哪些还可继续商讨。放下这个包袱之后,才可轻装上路,去见马克思。这不免使我想起孟子说的一个故事:从前有一位冯妇力能搏虎,搏过一次虎,下次又遇到一只虎,他又"攘臂下车"去搏,旁观的士大夫们都耻笑冯妇"不知止"。现在我就冒蒙士大夫耻笑的危险,也做一回冯妇吧!

朋友们提的问题很多。最普遍的是:怎样学美学?该具备哪些条件?用什么方法?此外当然还有就具体美学问题征求意见的。例如说:"你过去在美学讨论中坚持所谓'主客观统一',还宣扬什么'直觉说''距离说''移情说'之类'主观唯心主义货色',经过那么久的批判,是否现在又要'翻案'或'回潮'呢?"

这类问题在以后信中当相机谈到,现在先谈较普遍的一个问题:怎样学美学?

西方有一句谚语:"条条大路通罗马",足见通罗马的路并非只有一条。各人资禀不同,环境不同,工作任务的性质不同,就难免要走不同的道路。学美学也是如此,没有哪一条是学好美学的唯一的路。我只能劝诸位少走弯路,千万不要走上邪路。"四人帮"在文艺界进行法西斯专政时,我们都亲眼看到一些人在买空卖空,弄虚作假,公式随便套,帽子满天飞,或者随风转舵,哪里可谋高官厚禄,就拼命往哪里钻,不知人间有羞耻事。这是一条很不正派的邪路,不能再走了。再走就不但要断送个人的前途,而且要耽误我们建设四个现代化的社会主义国家的大业。

我们干的是科学工作,是一项必须实事求是、玩弄不得一点虚假的艰苦工作,既要清醒的头脑和坚定的恒心,也要有排除一切阻碍和干扰的勇气。马克思在《政治经济学批判》序言末尾曾教导我们说："在科学的入口处，正像在地狱的入口处一样，必须提出这样的要求：'到这里人们就应该排除一切疑虑；这个领域里不容许有丝毫畏惧！'"[①]归根到底，这要涉及人生态度，是敷敷衍衍、蝇营狗苟地混过一生呢？还是下定决心，做一点有益于人类文化的工作呢？立志要研究任何一门科学的人首先都要端正人生态度，认清方向，要"做老实人，说老实话，办老实事"。一切不老实的人做任何需要实事求是的科学工作都不会走上正路的。

正路并不一定就是一条平平坦坦的直路，难免有些曲折和崎岖险阻，要绕一些弯，甚至难免误入歧途。哪个重要的科学实验一次就能成功呢？"失败者成功之母。"失败的教训一般比成功的经验更有益。现在是和诸位谈心，我不妨约略谈一下自己在美学这条路上怎样走过来的。我在1936年由开明书店出版的《文艺心理学》里曾写过这样一段"自白"：

从前我决没有梦想到我有一天会走到美学的路上去。我前后在几个大学里做过十四年的学生，学过许多不相干的功课，解剖过鲨鱼，制造过染色切片，读过建筑史，学过符号名学，用过熏烟鼓和电气反应表测验心理反应，可是我从来没有上过一次美学课。我原来的兴趣中心第一是文学，其次是心理学，第三是哲学。因为欢喜文学，我被逼到研究批评的标准、艺术与人生、艺术与自然、内容与形式、语文与思想诸问题；因为欢喜心理学，我被逼到研究想象与情感的关系、

① 这是但丁《神曲·地狱篇》题在地狱门楣上的两句诗，译文略有改动。

创造和欣赏的心理活动，以及趣味上的个别差异；因为欢喜哲学，我被逼到研究康德[①]、黑格尔[②]和克罗齐[③]诸人讨论美学的著作。这么一来，美学便成为我所欢喜的几种学问的联络线索了。我现在相信：研究文学、艺术、心理学和哲学的人们如果忽略美学，那是一个很大的欠缺。

事隔四五十年，现在翻看这段自白，觉得大体上符合事实的，只是最后一句话还只顾到一面而没有顾到另一面。我现在（四五十年后的今天）相信：研究美学的人如果不学一点文学、艺术、心理学、历史和哲学，那会是一个更大的欠缺。

为什么要做这点补充呢？因为近几十年我碰见过不少的不学文学、艺术、心理学、历史和哲学，也并没有认真搞过美学的文艺理论“专家”，这些“专家”的“理论”既没有文艺创作和欣赏的基础，又没有心理学、历史和哲学的基础，那就难免要套公式，玩弄抽象概念，你抄我的，我抄你的，以讹传讹。这不但要坑害自己，而且还会在爱好文学和美学的青年朋友们中造成难以估计的不良影响，现在看来还要费大力，而且主要还要靠有觉悟的青年朋友们自己来清除这种影响。但我是乐观的，深信美学和其他科学一样，终有一天要走上正轨，这是人心所向，历史大势所趋。

我自己在学习美学过程中也走过一些弯路和错路。解放前

---

① 康德（1724—1804），德国哲学家、德国古典唯心主义的创始人，德国古典美学的奠定者。主要作品有《判断力批判》《实践理性批判》等。

② 黑格尔（1770—1831），德国哲学家、德国古典唯心主义的集大成者。主要著作有《精神现象学》《逻辑学》《哲学全书》《美学》等。

③ 克罗齐（1866—1952），意大利哲学家、美学家，新黑格尔主义者。主要著作有《精神哲学》《美学与政治》《论黑格尔》等。

几十年中我一直在东奔西窜,学了一些对美学用处不大的学科。例如在罗素的影响之下我认真地学过英、意、德、法几个流派的符号逻辑,还写过一部介绍性的小册子,稿子交给商务印书馆,在抗日战争早期遭火烧掉了。在弗洛伊德[①]的影响之下,我费过不少精力研究过变态心理学和精神病治疗,还写过一部《变态心理学》(商务印书馆出版)和一部《变态心理学派别》(开明书店出版)。在抗日战争时期,我心情沉闷,在老友熊十力[②]先生影响之下,读过不少的佛典,认真钻研过"成唯识论",还看了一些医书和谈碑帖的书,可谓够"杂"了。

此外,我还有一个坏习惯:学到点什么,马上就想拿出来贩卖。我的一些主要著作如《文艺心理学》《谈美》《诗论》和英文论文《悲剧心理学》之类都是在学生时代写的。当时作为穷学生,我的动机确实有很大一部分是追求名利。不过这种边买边卖的办法也不是完全没有益处。为着写,学习就得认真些,要就所学习的问题多费些心思来把原书吃透,整理自己的思想和斟酌表达的方式。我发现这也是一个很好的学习方式和思想训练。问题出在我学习得太少了,写得太多太杂了。假如我不那样东奔西窜,在专和精上多下些功夫,效果也许较好些。"事后聪明",不免有些追悔。所以每逢青年朋友们问我怎样学美学时,我总是劝他们切记毛泽东同志集中精力打歼灭战和先攻主要矛盾的教导。一个战役接着一个战役打,不要东奔西窜,浪费精力。就今天多数

---

① 弗洛伊德(1856—1939),奥地利心理学家、精神病医师、精神分析学派创始人。主要著作有《梦的解析》《精神分析引论》等。

② 熊十力(1884—1968),现代著名哲学家、思想家。新儒家开山祖师,国学大师。代表作有《新唯识论》《原儒》《体用论》等。

青年人来说,目前主要矛盾在资料太少,见闻太狭窄,老是抱着几本“理论专家”的小册子转,一定转不出什么名堂来。学通一两种外语可以勉强看外文书籍了,就可以陆续试译几种美学名著。翻译也是学好外文的途径之一。读了几部美学名著,掌握了必要的资料,就可以开始就专题学习写出自己的心得。选题一定要针对我国当前的文艺动态及其所引起的大家都解决的问题。例如毛泽东同志给陈毅同志的一封谈诗的信发表之后,全国展开了关于“形象思维”的讨论。这确实是美学中一个关键性的问题,你从事美学,能不闻不问吗?不闻不问,你怎能使美学为现实社会服务呢?你自己怎能得到集思广益和百家争鸣的好处呢?为着弄清“形象思维”问题,你就得多读些有关的资料和书籍,多听些群众的意见,逐渐改正自己的初步想法,从而逐渐深入到问题的核心,逐渐提高自己的认识能力和思考能力。这样学美学,我认为比较踏实些。我希望青年朋友们不要再蹈我的覆辙,轻易动手写什么美学史。美学史或文学史好比导游书,你替旁人导游而自己却不曾游过,就难免道听途说,养成武断和不老实的习惯,不但对美学无补,而且对文风和学风都要起败坏作用。

在我所走过的弯路和错路之中,后果最坏的还是由于很晚才接触到马列主义、毛泽东思想,长期陷在唯心主义和形而上学的泥淖中。解放后,特别在50年代全国范围的美学批判和讨论中,我才开始认真地学习辩证唯物主义和历史唯物主义,从而逐渐认识到自己过去的一些美学观点的错误。学习逐渐深入,我也逐渐认识到真正掌握和运用马列主义并不是一件易事。如果把它看成易事,就必然有公式化和概念化的危险。我还逐渐认识到历史上一些唯心主义的美学大师,从柏拉图[1]、普洛丁[2]到康德和黑格尔,都还应一分为二地看,在美学领域里他们毕竟作出了不可磨灭的贡献。这一点认识使我进一步懂得了文化批判继承的道理和钻研马列主义的重要性。所以我在指导我的研究生时,特别要求他们努力掌握马列主义。要掌握马列主义,首先就要一切从具体的现实生活出发,实事求是,彻底清除公式化和概念化的恶劣积习,下次信中再着重地谈一谈这个问题。

---

① 柏拉图(前427—前347),古希腊伟大的哲学家,也是整个西方文化中最伟大的哲学家和思想家之一。柏拉图学派的创始人。苏格拉底的弟子,亚里士多德的老师。

② 普洛丁(205—270),现一般译为普罗提诺,古罗马哲学家,新柏拉图主义最重要的代表。他在新柏拉图学派中建立的派别称为亚历山大-罗马学派,以更神秘的形式改造了柏拉图的理念论,提出了太一说、流溢说与灵魂解脱说。

二　从现实生活出发还是从抽象概念出发?

朋友们:

在我接到心向美学的朋友们来信中,经常出现的问题是究竟怎样才算美,“美的本质”是什么?

提问“怎样才算美”的朋友们未免有些谦虚。实际上这些朋友们每天都在接触到一些美的和丑的事物,在情感上都有不同程度的感受甚至激动。例如一个年轻小伙子碰见一位他觉得中意的姑娘,他能没有一点美的感受吗?一个正派人在天安门事件中看见正反两派人物的激烈斗争,不也是多少能感觉到美的确实是美,丑的确实是丑吗?在这种场合放过火热的斗争而追问美的本质是什么,丑的本质是什么,不是有点文不对题吗?一个人如果不是白痴,对于具体的美和丑都有认识,这种认识不一定马上就对,但在不断地体验现实生活和加强文艺修养中,它会逐渐由错误到正确,由浅到深,这正是审美教育的发展过程。而现在有些人放弃亲身接触过和感受过的事物不管,而去追问什么美的本质这个极端抽象的概念,我敢说他们会永远抓不着所谓“美的本质”。法国人往往把“美”叫作“我不知道它是什么”(Je ne sais quoi)。可不是吗?柏拉图说的是一套,亚理斯多德[①]说的又是一

① 现译为亚里士多德(前384—前322),古代先哲,古希腊人,世界古代史上伟大的哲学家、科学家和教育家。柏拉图的学生,亚历山大的老师。他在哲学、伦理思想、逻辑学、物理学、心理学、生物学、历史学、修辞学等领域都作出了重要贡献,为后世学科的发展奠定了基础,开辟了方向。

套;康德说的是一套,黑格尔说的又是一套。从马克思主义立场来看,他们都可一分为二,各有对和不对的两方面。事情本来很复杂,你能把它简单化成一个“美的定义”吗?就算你找到“美的定义”了,你就能据此来解决一切文艺方面的实际问题吗?这问题也涉及文艺创作和欣赏中的一系列问题,以后还要谈到,现在只谈研究美学是要从现实生活中的具体的事例出发,还是从抽象概念出发。

引起我先谈这个问题的是一位老朋友的来信。这位朋友在50年代美学讨论中和我打过一些交道。他去年写过一篇题为《美的定义及其解说》的近万言长文,承他不弃,来信要我提意见。他的问题在现在一般中青年美学研究工作者中有普遍意义,所以趁这次机会来公开作复。

请先读他的“美的定义”:

> 美是符合人类社会生活向前发展的历史规律及相应的理想的那些事物的,以其相关的自然性为必要条件,而以其相关的社会性(在有阶级的社会时期主要被阶级性所规定)为决定因素。矛盾统一起来的内在好本质之外部形象特征,诉诸一定人们感受上的一种客观价值。

既是客观规律,又是主观理想;既是内在好本质,又是外部形象特征;既是自然性,又是社会性;既是一定人们感受,又是客观价值。定义把这一大堆抽象概念拼凑在一起,仿佛主观和客观的矛盾就统一起来了。这种玩弄积木式的拼凑倒也煞费苦心,可是解决了什么问题呢?难道根据这样拼凑起来的楼阁,就可以进行文艺创作、欣赏和批评了吗?

“定义”之后还附了十三条“解说”,仍旧是玩弄一些抽象概念,说来说去,并没有把“定义”解说清楚。作者始终一本正经,丝毫不用一点具体形象,丝毫不流露一点情感。他是从艺术学院毕业的,听说搞过雕塑和绘画,但始终不谈一点亲身经验,不举一点艺术实践方面的例证。19 世纪法国巴那斯派诗人为着要突出他们的现实主义,曾标榜所谓“不动情”(impassivité)。“定义”的规定者确实做到了这一点,在文章里怕犯“人情味”的忌讳,阉割了自己,也阉割了读者,不管读者爱听不爱听,他硬塞给你的就只有这种光秃秃硬邦邦的枯燥货色,连文字也还似通不通。到什么时候才能看到这种文风改变过来呢!

读到这个“美的定义”,我倒有“如逢故人”的感觉。这位故人仍是 50 年代美学讨论中的故人。当前,党的工作重点实行了转移,实现四个现代化成了全国人民的中心任务,各条战线正在热火朝天地大干快上,文艺界面貌也焕然一新。但这一切在这位搜寻“美的定义”的老朋友身上仿佛都没有起一点作用,他还是那样坐井观天,纹风不动!

十三条“解说”之后又来了一个“附记”。作者在引了毛泽东同志的研究工作不应当从定义出发的教导后,马上就来了一个一百八十度大转弯的“然而”:“然而同时并不排除经过实事求是的研究而从获得的结论中,归纳、概括、抽绎出定义。”是呀,你根据什么“实事”求出什么“是”呢?你这是遵循毛主席的“辩证唯物主义路线”吗?

接着作者还来了一个声明:

以上“美”的定义,无非自己在美学研究长途中的一个小小暂时“纪程”而已。以后于其视为绊脚石时,自己或旁人,都可以而且应当无所爱惜地踢开它!

这里有一个惊叹号,是文中唯一的动了一点情感的地方,表现出决心和勇气。不过作为一个老友,我应该直率地说,你的定义以及你得出定义所用的方法正是你的绊脚石。你如何处理这块绊脚石,且观后效吧!

读过这篇“美的定义”之后不久,我有机会上过一堂生动的美学课,看到新上演的意大利和法国合摄的电影片《巴黎圣母院》。听到那位既聋哑而又奇丑的敲钟人在见到那位能歌善舞的吉卜赛女郎时,结结巴巴地使劲连声叫“美! 美、美……”我不禁联想起“美的定义”。我想这位敲钟人一定没有研究过“美的定义”,但他的一生事迹,使我深信他是个真正懂得什么是美的人,他连声叫出的“美”确实是出自肺腑的。一听到就使我受到极大的震动,悲喜交集,也惊赞雨果毕竟是个名不虚传的伟大作家。这位敲钟人本是一个孤儿,受尽流离困苦才当上一个在圣母院里敲钟的奴隶。圣母院里的一个高级僧侣偷看到吉卜赛女郎歌舞,便动了淫念,迫使敲钟人去把她劫掠过来。在劫掠中敲钟人遭到了群众的毒打,渴得要命,奄奄一息之际,给他水喝因而救了他命的正是他被他恶棍主子差遣去劫夺的吉卜赛女郎。她不但不跟群众一起去打他,而且出于对同受压迫的穷苦人的同情,毅然站出来救了他的命。她不仅面貌美,灵魂也美。这一口水之恩使敲钟人认识到什么是善和恶,美和丑,什么是人类的爱和恨。以后到每个紧要关头,他都是吉卜赛女郎的救护人,甚至设法去成全她对卫队长的单相思。把她藏在钟楼里使她免于死的是他，识破那恶棍对她的阴谋的是他，最后把那个恶棍从高楼上扔下摔死，因而替女郎报了仇、雪了恨的也还是他。这个女郎以施行魔术的罪名被处死，尸首抛到地下墓道里，他在深夜里探索到尸首所在，便和她并头躺下，自己也就断了气。就是这样一个五官不全而又奇丑的处在社会最下层的小人物，却显出超人的大力、大智和大勇乃至大慈大悲。这是我在文艺作品中很少见到的小人物的高大形象。我不瞒你说，我受到了很大的感动。

我说这次我上了一堂生动的美学课。这不仅使我坚定了一个老信念：现实生活经验和文艺修养是研究美学所必备的基本条件，而且使我进一步想到美学中的一些关键问题。首先是自然美与艺术美的关系和区别问题。现实中有没有像敲钟人那样小人物的高大形象呢？我不敢作出肯定或否定的回答，我只能说，至少我是没有见过。我认为雨果所写的敲钟人是艺术创造出来的奇迹，是经过夸张虚构、集中化和典型化才创造出来的。敲钟人的身体丑烘托出而且提高了他的灵魂美。这样，自然丑本身作为这部艺术作品中的一个重要因素，也就转化为艺术美。艺术必根据自然，但艺术美并不等于自然美，而自然丑也可以转化为艺术美，这就说明了艺术家有描写丑恶的权利。

这部影片也使我回忆起不久前读过的人民美术出版社 1978 年印行的《罗丹艺术论》及其附载的一篇《读后记》。罗丹[①]的《艺

---

① 罗丹（1840—1917），法国雕塑家。1875 年游意大利，深受米开朗琪罗作品的启发，从而确立了现实主义的创作方法。他的《青铜时代》《思想者》《雨果》《加莱义民》和《巴尔扎克》等作品都有新的创造，受到法国作家官方学院派的抨击。有《艺术论》传世。他的创作对欧洲近代雕塑的发展有较大影响。

术论》是一位艺术大师总结长期艺术实践的经验之谈,既亲切而又深刻,在读过《罗丹艺术论》正文之后再读《读后记》,不免感到《读后记》和正文太不协调了。不协调在哪里呢?罗丹是从亲身实践出发的,句句话都出自肺腑;《读后记》是从公式概念出发的,不但蔑视客观事实,而且帽子棍子满天飞。

过去这些年写评论文章和文艺史著作的都要硬套一个千篇一律的公式:先是拼凑一个历史背景,给人一个运用历史唯物主义的假象;接着就"一分为二",先褒后贬,或先贬后褒,大发一番空议论,歪曲历史事实来为自己的片面论点打掩护。往往是褒既不彻底,贬也不彻底,褒与贬互相抵销。凭什么褒,凭什么贬呢?法官式的评论员心中早有一套法典,其中条文不外是"进步""反动""革命""人民性""阶级性""现实主义""浪漫主义""世界观""创作方法""自然主义""理想主义""人性论""人道主义""颓废主义"……之类离开具体内容就很空洞的抽象概念,随处都可套上,随处都不很合适。任何一位评论员用不着对文艺作品有任何感性认识,就可以大笔一挥,洋洋万言。我很怀疑这种评论有几个人真正要看。这不仅浪费执笔者和读者的时间,而且败坏了文风和学风。现在是应该认真对待这个问题的时候了!

《读后记》的作者对罗丹确实有褒有贬,不过贬抵销了褒。我们先看他对罗丹所控诉的罪状,再考虑一下如果这些罪状能成立,罗丹还有什么可褒的?为什么把他介绍到中国来?

作者一方面肯定了罗丹的现实主义,另一方面又指责罗丹的现实主义"不过是'写真实'的别名"。我们还记得"写真实"过去在我们中间成了一条罪状,难道现实主义就不要"写真实"吗?作者还挑剔罗丹不该把现实主义说成"诚挚是唯一的法则",理由是

“根本不可能有什么超阶级的‘诚挚’”，试问过去公认的一些阶级成分并不怎么好的现实主义大师，例如莎士比亚、费尔丁、巴尔扎克、易卜生、托尔斯泰等，都不“诚挚”，都在以说谎骗人为业吗？作者还重点地讨论了艺术如何运用丑的问题。他先褒了一笔，肯定罗丹描绘丑陋有不肯粉饰生活的“积极内容”，没有否认自然丑可以化为艺术美，接着就指责罗丹“偏爱残缺美”，毕竟“含有不健康的消极因素”，因为他“受到了颓废思潮的很深的影响”，“罗丹思想上同颓废派[①]的联系，使他不能正确辨认生活与艺术中的一切美丑现象”。试问罗丹既不能正确辨认生活与艺术中的一切美丑现象，他不就成了白痴吗？还凭什么创造出那些公认为杰出的作品呢？罪状还不仅如此，罗丹“偏爱残缺美”，“也破坏了艺术的形式美”，“罗丹作品形式上的缺点正是反映了内容空虚和消极反动”。总之，一戴上“颓废派”的帽子，一个艺术家就必须一棍子打死。请问广大读者，《罗丹艺术论》和罗丹的作品究竟在哪一点上表明他是个颓废派呢？就历史事实来说，罗丹在“思想上同颓废派”究竟有什么联系吗？和他联系较多的人是雨果和巴尔扎克，他替这两位伟大小说家都雕过像，此外还有大诗人波德莱尔[②]，他和罗丹是互相倾慕的。波德莱尔的诗集命名为《罪恶之花》[③]，一出版就成了一部最畅销的书，可见得到了广大群众的批准。但是《罪恶之花》这个不雅驯的名称（趁便指出：原文 Mal 应

① 19世纪法国的一个文学流派。颓废主义者不满文艺仅是对现实生活的摹写，主张“为艺术而艺术”。

② 波德莱尔（1821—1867），法国诗人。其创作和世界观深受美国诗人爱伦·坡影响。主要作品有诗集《恶之花》和散文诗集《巴黎的忧郁》《人为的天堂》等。他的创作对后来欧美象征主义诗歌影响很大。

③ 现译为《恶之花》。

译为“病”，即“世纪病”中的“病”，“罪恶”是误译。）便注定了他在某些人心目中成了“颓废派”的代表。罗丹和他确实有联系，那他也就成了颓废派。依这种逻辑，雨果和巴尔扎克当然也就应归入颓废派了。要深文罗织，找罪证也不难，雨果不是在《巴黎圣母院》里塑造了五官不全的奇丑的敲钟人吗？巴尔扎克不也写过许多丑恶的人和丑恶的事吗？

我们在这里并不是要为颓废派辩护。在 19 世纪末，据说颓废主义是普遍流行的“世纪病”。这是客观事实，而且也有它的历史根源。处在帝国主义渐就没落时期，一般资产阶级文化人和文艺工作者大半既不满现状而又看不清出路，有些颓废倾向，而且还宣扬人性论、人道主义、天才论、不可知论和一些其他奇谈怪论。他们的作品难免有这样和那样的毒素，但毕竟有“不粉饰现实生活的积极内容”，而且在艺术上还有些达到很高的成就，我们究竟应该如何对待他们呢？为着保健防疫，是不是就应干脆把他们一扫而空，在历史上留一段空白为妙呢？这其实就是“割断历史”的虚无主义，与马克思主义毫无共通之处。

朋友们，我和诸位在文艺界和美学界有“同行”之雅，在这封信里向诸位谈心，以一个年过八十的老汉还经常带一点火气，难免要冒犯一些人。我实在忍不下去啦！请原谅这种苦口婆心吧！让我们振奋精神，解放思想，肃清余毒，轻装上阵吧！

三　谈　人

朋友们：

谈美，我得从人谈起，因为美是一种价值，而价值属于经济范畴，无论是使用还是交换，总离不开人这个主体。何况文艺活动，无论是创造还是欣赏、批评，同样也离不开人。

你我都是人，还不知道人是怎么回事吗？世间事物最复杂因而最难懂的莫过人，懂得人就会懂得你自己。希腊人把"懂得你自己"看作人的最高智慧。可不是吗？人不像木石只有物质，而且还有意识，有情感，有意志，总而言之，有心灵。西方还有一句古谚："人有一半是魔鬼，一半是仙子。"魔鬼固诡诈多端，仙子也渺茫难测。

作为一种动物，人是人类学的研究对象。他经过无数亿万年才由单细胞生物发展到猿，又经过无数亿万年才由类人猿发展到人。正如人的面貌还有类人猿的遗迹，人的习性中也还保留一些兽性，即心理学家所说的"本能"。

我们这些文明人是由原始人或野蛮人演变来的，除兽性之外，也还保留着原始人的一些习性。要了解现代社会人，还须了解我们的原始祖先。所以马克思特别重视摩根[①]的《古代社会》，

① 又译摩尔根（1818—1881），美国人类学家、民族学家。在1877年问世的《古代社会》这部代表作里，主要论述了氏族组织为原始社会的基本细胞、母权制的存在及其向父权制的过渡，以及婚姻、家庭形态发展的诸阶段等；以进化论观点，划分人类从蒙昧时代经过野蛮时代到文明时代的发展过程。是民族学中进化学派的主要代表人物。马克思、恩格斯对其贡献给以很高评价。

把它细读过而且加过评注。恩格斯也根据古代社会的资料，写出《家庭、私有制和国家的起源》。在《自然辩证法》一书中，恩格斯还详细论述了劳动在从猿到人转变过程中的作用，谈到了人手的演变，这对研究美学是特别重要的。古代社会不仅是家庭、私有制和国家政权的摇篮，而且也是宗教、神话和艺术的发祥地。数典不能忘祖，这笔账不能不算。

从人类学和古代社会的研究来看，艺术和美是怎样起源的呢？并不是起于抽象概念，而是起于吃饭穿衣、男婚女嫁、猎获野兽、打群仗来劫掠食物和女俘以及劳动生产之类日常生活实践中极平凡卑微的事物。中国的儒家有一句老话："食、色，性也。""食"就是保持个体生命的经济基础，"色"就是绵延种族生命的男女配合。艺术和美也最先见于食色。汉文"美"字就起于羊羹的味道，中外文都把"趣味"来指"审美力"。原始民族很早就很讲究美，从事艺术活动。他们用发亮耀眼的颜料把身体涂得漆黑或绯红，唱歌作乐和跳舞来吸引情侣，或庆祝狩猎、战争的胜利。关于这些，谷鲁斯[①]（K. Groos）在《艺术起源》里讲得很详细，较易得到的普列汉诺夫[②]的《没有地址的信》[③]也可以参看。

在近代，人是心理学的主要研究对象。一个活人时时刻刻要和外界事物（自然和社会）打交道，这就是生活。生活是人从实践到认识，又从认识到实践的不断反复流转的发展过程。为着生活

---

① 谷鲁斯（1861—1946），现一般译作谷鲁司。德国哲学家、美学家、心理学家。在美学上，是内模仿说的主要代表之一，认为审美是一种内在而不外现的"内模仿"。主要著作有《美学导言》《人类的游戏》《审美的鉴赏》等。

② 普列汉诺夫（1856—1918），俄国最早的马克思主义传播者，后成为修正主义者，孟什维克首领之一。

③ 又名《论艺术》。

的需要，人在不断地改造自然和社会，同时也在不断地改造自己。心理学把这种复杂过程简化为刺激到反应往而复返的循环弧。外界事物刺激人的各种感觉神经，把映象传到脑神经中枢，在脑里引起对对象的初步感性认识，激发了伏根很深的本能和情感（如快感和痛感以及较复杂的情绪和情操），发动了采取行动来应付当前局面的思考和意志，于是脑中枢把感觉神经拨转到运动神经，把这意志转达到相应的运动器官，如手足肩背之类，使它实现为行动。哲学和心理学一向把这整个运动分为知（认识）、情（情感）和意（意志）这三种活动，大体上是正确的。

心理学在近代已成为一种自然科学，在过去是附属于哲学的。过去哲学家主要是意识形态制造者，他们大半只看重认识而轻视实践，偏重感觉神经到脑中枢那一环而忽视脑中枢到运动神经那一环，也就是忽视情感、思考和意志到行动那一环。他们大半止于认识，不能把认识转化为行动。不过这种认识也可以起指导旁人行动的作用。马克思《关于费尔巴哈的提纲》第十一条说“哲学家们只是用不同的方式解释世界，而问题在于改变世界”，就是针对这些人说的。

就连在认识方面，较早的哲学家们也大半过分重视“理性”认识而忽视感性认识，而他们所理解的“理性”是先验的甚至是超验的，并没有感性认识的基础。这种局面到17、18世纪启蒙运动中英国的培根[①]和霍布士[②]等经验派哲学家才把它转变过来，把理性

① 培根（1561—1626），英国哲学家、英国唯物主义和现代实验科学的始祖。主要著作有《论科学的价值和发展》《新工具》《新大西岛》等。

② 霍布士（1588—1679），现译为霍布斯，英国政治家、哲学家、机械唯物主义创始人。主要著作有《论物体》《利维坦》《论人性》等。

认识移植到感性认识的基础上,把理性认识看作是感性认识的进一步发展。英国经验主义在欧洲大陆上发生了深远影响,它是机械唯物主义的先驱,费尔巴哈[①]就是一个著例。他“不满意抽象的思维而诉诸感性的直观,但是他把感性不是看作实践的、人类感性的活动”,对现实事物“只是从客体的或者直观的形式去理解,而不是把它们当作人的感性活动,当作实践去理解”,结果是人作为主体的感性活动、实践活动、能动的方面,却让唯心主义抽象地发展了。而且“他没有把人的活动本身理解为客体的活动”。这份《提纲》是马克思主义哲学的核心,但在用词和行文方面有些艰晦,初学者不免茫然,把它的极端重要性忽视过去。这里所要解释的主要是认识和实践的关系,也就是主体(人)和客体(对象)的关系。费尔巴哈由于片面地强调感性的直观(对客体所观照到的形状),忽视了这感性活动来自人的能动活动方面(即实践)。毛病出在他不了解人(主体)和他的认识和实践的对象(客体)既是相对立而又相依为命的,客观世界(客体)靠人来改造和认识,而人在改造客观世界中既体现了自己,也改造了自己。因此物(客体)之中有人(主体),人之中也有物。马克思批评费尔巴哈“没有把人的活动本身理解为客体的活动”。参加过50年代国内美学讨论的人们都会记得多数人坚持“美是客观的”,我自己是从“美是主观的”转变到“主客观统一”的。当时我是从对客观事实的粗浅理解达到这种转变的,还没有懂得马克思在《提纲》中关于主体和客体统一的充满唯物辩证法的阐述的深刻意义。这场争

① 费尔巴哈(1804—1872),德国哲学家,德国古典哲学中唯物主义的代表。费尔巴哈哲学是马克思哲学的主要来源之一。主要著作有《基督教的本质》《未来哲学原理》《黑格尔哲学批判》等。

论到现在似还没有彻底解决,来访或来信的朋友们还经常问到这一点,所以不嫌词费,趁此做一番说明,同时也想证明哲学(特别是马克思主义哲学)和心理学的知识对于研究美学的极端重要性。

谈到观点的转变,我还应谈一谈近代美学的真正开山祖康德这位主观唯心论者对我的影响,并且进行一点力所能及的批判。大家都知道,我过去是意大利美学家克罗齐的忠实信徒,可能还不知道对康德的信仰坚定了我对克罗齐的信仰。康德自己承认英国经验派怀疑论者休谟[①]把他从哲学酣梦中震醒过来,但他始终没有摆脱他的"超验"理性或"纯理性"。在《判断力的批判》[②]上部,康德对美进行了他的有名的分析。我在《西方美学史》第十二章里对他的分析结果做了如下的概括叙述:

> 审美判断不涉及欲念和利害计较,所以有别于一般快感以及功利的和道德的活动,即不是一种实践活动;审美判断不涉及概念,所以有别于逻辑判断,即不是一种概念性认识活动;它不涉及明确的目的,所以与审美的判断有别,美并不等于(目的论中的)完善。
>
> 审美判断是对象的形式所引起的快感。这种形式之所以能引起快感,是因为它适应人的认识功能(即想象力和知解力),使这些功能可以自由活动并且和谐地合作。这种心理状态虽不是可以明确地认识到的,却是可以从情感的效果

① 休谟(1711—1776),英国哲学家、历史学家、经济学家、美学家。主要著作有《人性论》《人类理解研究》《论审美趣味的标准》等。

② 现译为《判断力批判》,康德的美学著作。

> 上感觉到的。审美的快感就是对于这种心理状态的肯定,它可以说是对于对象形式(客体)与主体的认识功能的内外契合……所感到的快慰。这是审美判断中的基本内容。

康德的这种美的分析有一个明显的致命伤。他把审美活动和整个人的其他许多功能都割裂开来,思考力、情感和追求目的的意志在审美活动中都从人这个整体中阉割掉了,留下来的只是想象力和知解力这两种认识功能的自由运用与和谐合作所产生的那一点快感。这两种认识功能如何自由运用与和谐合作,也还是一个不可知的秘密,因为他明确地说过“审美趣味方面没有客观规则”,艺术是“由自然通过天才来规定法则的”。他把美分为“纯粹的”和“依存的”两种,“美的分析”只针对“纯粹美”,到讨论“依存美”时,康德又把他原先所否定的因素偷梁换柱式地偷运回来,前后矛盾百出。就对象(客体)方面来看也是如此,他先肯定审美活动只涉及对象的形式,也就是说,与对象的内容无关;可是后来讨论“理想美”时却又说“理想是把个别事物作为适合于表现某一观念的形象显现”,这种“观念”就是“一种不确定的理性概念”,“它只能在人的形体上见出,在人的形体上,理想是道德精神的表现”。

指出如此等类的矛盾,并不是要把康德一棍子打死。康德对美学问题是经过深思熟虑的,发现其中有不少难解决的矛盾。他自己虽没有解决这些矛盾,却没有掩盖它们,而是认为可以激发后人的思考,推动美学的进一步发展。不幸的是后来他的门徒大半只发展了他的美只涉及对象的形式和主体的不带功利性的快感,即只涉及“美的分析”那一方面,而忽视了他对于“美的理想”

“依存美”和对“崇高”的分析那另一方面。因此就产生了“为艺术而艺术”“形式主义”，克罗齐的“艺术即直觉”“美学只管美感经验”，美感经验是“孤立绝缘的”（闵斯特堡[①]）、和实际事物保持“距离”的（缪勒·弗兰因菲尔斯）以及“超现实主义”，象征派的“纯诗”运动，巴那斯派的“不动情感”“取消人格”之类五花八门的流派和学说，其中有大量的歪风邪气，康德在这些方面都是始作俑者。

近一百年中对康德持异议的也大有人在。例如康德把情感和意志排斥到美的领域之外，继起的叔本华[②]就片面强调意志，尼采[③]就宣扬狂歌狂舞、动荡不停的“酒神精神”和“超人”，都替后来德国法西斯暴行建立了理论基础。这种事例反映了帝国主义垂危时期的社会动荡和个人自我扩张欲念的猖獗。这个时期变态心理学开始盛行，主要的代表也各有一套美学或文艺理论，都明显地受到尼采和叔本华的影响。首屈一指的是弗洛伊德。他认为原始人类婴儿对自己父母的性爱和妒忌所形成的“情意综”[④]到了现在还暗中作祟，采取化装，企图在文艺中得到发泄。于是文艺就成了“原始性欲本能的升华”。弗洛伊德的门徒之一阿德勒[⑤]却以个人的自我扩张欲（叫作“自我本能”）代替了性欲。自

---

① 现译为闵斯特贝尔格（1863—1916），哲学家、心理学家。原籍德国，生于但泽（今波兰格但斯克）。哲学上是新康德主义弗赖堡学派的代表之一。主要著作有《价值哲学》《科学与唯心主义》等。

② 叔本华（1788—1860），德国哲学家，唯意志论者。主要著作有《作为意志和表象的世界》等。

③ 尼采（1844—1900），德国哲学家，唯意志论和生命哲学主要代表之一。主要著作有《悲剧的诞生》《权力意志》等。

④ 男孩对母亲的性爱和对父亲的妒忌叫作“俄狄浦斯情意综”，女孩对父亲的性爱和对母亲的妒忌叫作“厄勒克特拉情意综”。

⑤ 阿德勒（1870—1937），奥地利精神病学家，个体心理学创始人。主要著作有《个体心理学的实践与理论》《神经症问题》等。

我本能表现于"在人上的意志",特别是生理方面有缺陷的人受这种潜力驱遣,努力向上,来弥补这种缺陷。例如贝多芬、莫扎特和舒曼都有耳病,却都成了音乐大师。

像上面所举的这类学说现在在西方美学界还很流行,其通病和康德一样,都在把人这个整体宰割开来成为若干片段,单挑其中一块来,就说人原来如此,或是说,这一点就是打开人这个秘密的锁钥,也是打开美学秘密的锁钥。这就如同传说中的盲人摸象,这个说象是这样,那个说象是那样,实际上都不知道真象究竟是个啥样。

谈到这里,不妨趁便提一下,19 世纪以来西方美学界在研究方法上有机械观与有机观的分野。机械观来源于牛顿的物理学。物理学的对象本来是可以拆散开来分零件研究,把零件合拢起来又可以还原的。有机观来源于生物学和有机化学。有机体除单纯的物质之外还有生命,这就必须从整体来看,分割开来,生命就消灭了。解剖死尸,就无法把活人还原出来。机械观是一种形而上学,有机观就接近于唯物辩证法。上文所举的康德以来的一些美学家主要是持机械观的。当时美学界有没有持有机观的呢?为数不多,德国大诗人歌德[①]便是一个著例,他在《收藏家和他的伙伴们》的第五封信中有一段话是我经常爱引的:

人是一个整体,一个多方面的内在联系着的各种能力的

① 歌德(1749—1832),德国诗人,剧作家、思想家。早期重要作品有《葛兹·冯·伯利欣根》和书信体小说《少年维特之烦恼》。1786—1788 年间访问意大利,完成剧本《伊菲格涅亚在陶里斯》和《埃格蒙特》。另有代表作诗剧《浮士德》、自传《诗与真》和小说《威廉·迈斯特的学习时代和漫游时代》。其作品对德国和世界文学有很大影响,在自然科学方面也很有贡献。

统一体。艺术作品必须向人这个整体说话，必须适应人的这种丰富的统一体，这种单一的杂多。

这就是有机观。这是伟大诗人从长期文艺创作和文艺欣赏中所得到的经验教训，不是从抽象概念中得出来的。着重人的整体这种有机观，后来在马克思的《经济学—哲学手稿》[①]里得到进一步发展，为辩证唯物主义和历史唯物主义奠定了基础。关于这一点，我们在以后的信里还要详谈。

---

① 现译为《1844年经济学哲学手稿》。

四　关于马克思主义与美学的一些误解

朋友们:

前信提到马克思关于人的全面发展的整体看法。在说明这个看法之前,先要瞭望一眼马克思主义与美学这个总的局势以及对这个问题的一些流行的误解。

头一个基本问题是:我们如果不弄通马克思主义,是否也可以研究美学?我想,口头上大概是没有人会说研究美学用不着马克思主义的。但是口头上承认,不等于实际上就认真去做。我们提倡"解放思想",但不能从马克思主义思想中"解放"出来。搞文艺理论的人满街走,是不是所有的人都在认真钻研马克思主义呢?这是值得注意的一个问题。不肯钻研的人有很多借口,其中之一就是马克思主义创始人并没有写过一部美学或文艺理论的专著,说不上有一个完整的美学体系。关于这一点,待以后信中再谈。此外林彪、"四人帮"横行时期,打着马克思主义大旗来反对马克思主义,严重破坏了我们的学风,至今余毒犹存,也影响了一些同志的学习热情。还有些真心实意要想运用马克思主义来搞美学的同志,有时也会误入与马克思主义背道而驰的道路上去。比如,片面强调美的客观性,坚持美与主观思想感情无关,硬说形象思维是子虚乌有,闭口不敢谈人性论、人道主义和人情味,等等。在学会就具体问题进行具体分析的马克思主义的科学方法之前,简单化总是走抵抗力最弱的道路。

我自己经常就这个问题进行反省,还是不敢打保票,保证自己已免疫了。柏拉图、康德、黑格尔和克罗齐这些唯心主义的美学大师统治了我前大半生的思想，先入为主，我怎么能打这种保票呢？不过有一点我现在是确信不移的，这就是：研究美学如果不弄通马克思主义，那就会走入死胡同。有人会问：你的那些祖师爷，柏拉图、康德、黑格尔等等都没有接触到马克思主义，不是在美学上都有很高的造诣吗？我回答说：他们行，我们现在可不行！理由很简单。历史在前进，我们和他们处在不同时代和不同类型的社会。他们的现实生活不是我们的现实生活，我们所要解决的问题和所凭借的物质基础、思想资料和他们的已大不相同，马克思主义在今天已掌握了广大群众，工人阶级已成了主宰世界的力量。我们已进入了大工业时代，我们的文艺的服务对象是广大的劳动人民而不是少数有闲阶级和精神贵族；我们的文艺媒介已经发展到电影和电视而不仅仅是书本、小剧场或小型展览。现在全世界各民族之间的文化交流已比过去远为广泛而迅速，没有哪一个民族可以“闭关自守”。凡此种种都说明历史在前进。马克思主义的诞生和传播，社会主义国家的兴起和发展都标志着人类历史上的一个空前重大的转折点，难道今天进行任何部门的科学研究，能抛开马克思主义吗？就我个人来说，尽管我很晚才接触到马克思主义，近二十年来一直还在摸索，但已感觉到这方面的学习给我带来了新生，使我认识到对我的那些唯心主义祖师爷也要运用辩证唯物主义和历史唯物主义进行分析批判，去伪存真，批判继承，为我所用，而决不能亦步亦趋地走他们的老路，走老路就是古人所说的“刻舟求剑”，总不免劳而无功。在踏上四个现代化的新的征途上，全国人民意气风发，形势一片大好，眼看经济高涨会带来科学文化的高涨。我对马克思主义美学在我国的宏大远景抱有坚定不移的信心,下定决心要趁余年尽一点绵薄的力量。我不一定亲身就能看得到这种宏大远景的到来,但是深信广大的新生力量一定会同心协力地沿着马克思主义的光明大道,把美学这把火炬传递下去,胜利终究是属于我们的!

第二个问题是上文已提到的,马克思主义创始人没有写过一部美学或文艺理论专著,是否就没有一个完整的美学体系呢?写过或没有写过美学专著,和有没有完整的美学体系并不是一回事。马克思主义创始人没有写过美学专著,这是事实;说因此就没有一个完整的美学体系,这却不是事实。某些人有这种误解,和《马克思恩格斯论文艺》的选本有关。选本对于普及马列文艺思想和帮助初学者入门,应该说还是有点用处的。但目前流行的几种选本有个共同的毛病:就是画了一些专题的鸽子笼,把马克思主义创始人的论著整章整段地割裂开来,打散了,把上下文的次第也颠倒过来了,于是东捡一鳞,西拾一爪,放进那些专题鸽子笼里去,这样支离破碎,使读者见不到一部或一篇论著的整体和前后的内在联系。这样怎么还能见出马列主义的完整体系呢?这类选本之中也有比较好的,例如较早的东德里夫希茨(Lifschitz)的《马克思恩格斯论艺术》(有中译本)和苏联国家出版社编的较简赅的《马克思恩格斯论文学》。编得最坏的是俄文本《马克思恩格斯论艺术》(也有中译本),其中一开始便是“艺术创作的一般问题”,用大量篇幅选些关于“革命悲剧”“现实历史中的悲剧和喜剧”“黑格尔的美学”等方面论著,仿佛这些就是艺术理论中的首要问题。至于真正的首要问题——辩证唯物主义和历史唯物主义,反降到次要地位,选目也很零碎。例如马克思的《关于费尔巴哈的提纲》这样对马克思主义的实践观点特别重要的文献竟没有入选。我们自己根据这类选本编的《马克思恩格斯论文艺》也有同样的毛病而分量更单薄，而各大专院校所经常讨论的项目就更单薄，注意力往往集中到评论具体作者和具体作品的几封信上去。从这些零星片面的资料来看，当然很难看得出马克思主义创始人已经有一套完整的美学体系了。

问题还在于什么才是美学体系？已往的美学大师没有哪一位没有完整的体系，唯心的或是唯物的，形而上学的或是辩证的。单拿马克思来说，美学在他的整个思想大体系中只是一个小体系。小体系是不能脱离大体系来理解的。马克思主义大体系就是辩证唯物主义和历史唯物主义，以及从此生发出来的认识来自实践的基本观点。实践是具有社会性的人凭着他的“本质力量”或功能对改造自然和社会所采取的行动，主要见于劳动生产和社会革命斗争。应用到美学里来说，文艺也是一种劳动生产，既是一种精神劳动，也并不脱离体力劳动；既能动地反映自然和社会，也对自然和社会起改造和推进作用。作为一种意识形态，文艺归根到底要受经济基础的决定作用，反过来又对经济基础和政法的上层建筑发生反作用。人与自然（包括社会）绝不是两个互不相干的对立面，而是不断地互相斗争又互相推进的。因此，人之中有自然的影响，自然也体现着人的本质力量，这就是“人化的自然”和“人的对象化”，也就是主客观统一的基本观点。从这个基本的实践观点出发，马克思既揭示了文艺的起源和性质，又追溯了文艺经过不同社会类型的长久演变，还趁便分析一些具体文艺作家和作品，从而解决了一系列文艺创作方面的重要问题，例如现实主义与浪漫主义，莎士比亚化与席勒方式，人物性格与典型环境的关系，文艺与物质媒介的关系，文艺与批判继承的关系，以及作为对需要的供应，文艺与读者、观众的关系，如此等等。试问这一切还不能构成马克思主义美学的完整体系吗？对我们造成困难的是这个完整体系是经过长期发展而且散见于一系列著作中的，例如从《经济学—哲学手稿》《德意志意识形态》《关于费尔巴哈的提纲》《政治经济学批判》直到《剩余价值论》《资本论》和一系列通信。要说体系，马克思主义美学体系比起过去任何美学大师（从柏拉图、亚理斯多德到康德、黑格尔和克罗齐）所构成的任何体系都更宏大，更完整，而且有更结实的物质基础和历史发展的线索。我们的困难就在于要掌握这个完整体系，就非亲自钻研上述一系列的完整的经典著作不可。这是一条曲折而又崎岖的道路，许多马克思主义美学信徒都没有勇气战胜困难而妄想找“捷径”，于是语录式的《马克思恩格斯论文艺》之类支离破碎的选本就应运而起。人们就认为这些选本已把马克思主义美学的山珍海味烹调成了一盘“全家福”，足供我们享受而有余了。专靠“吃现成饭”过活的人生活就不会过得好。要弄通马克思主义美学的完整体系，就不但要亲口咀嚼，不要靠人喂，而且还要亲自费力去采集原料，亲手去烹调，这样吃下去才易消化，才真正地受用。

宇宙是一个整体，人类社会和自然界也是一个整体，自然科学和社会科学也日渐构成一个整体。“荷叶藕，满塘转”，互相因依，牵一发即动全身。所以我们决不能把美学看成一门独立自足的科学，把门关起来靠“自力更生”。有些立志要搞美学的人既不学哲学，又不学历史，又没有文艺实践经验，连与美学密切相关的心理学、社会学、文学史、艺术史、语言学乃至宗教神话之类也不想问津，甚至对当前文艺动态也漠不关心，而关起门来“深思默索”，玩弄概念游戏，像蜘蛛一样，只图把肚子里的丝吐出来，就结成一面包罗万象的大网。这是妄想！只学马克思主义而不学其他，也决学不通马克思主义。美学也是如此。试想一想马克思在指导工人运动之外，还积蓄了多么渊博的学识！而且还写出那么多的不朽著作！学马克思主义也好，学马克思主义美学也好，首先要学习马克思的这种认真刻苦、勇猛前进的精神。

目前我们都还有一个外语难关要破。试想一想，马克思、恩格斯和列宁之中哪一位不精通几种外语？不但能用外语阅读，而且能用外语写作。为什么学习美学也要攻克外语难关？因为学会外语，才能掌握不可缺少的资料。马克思、恩格斯在《共产党宣言》里就已指出，在世界市场既已形成的资本主义时代：

> ……过去那种地方的民族的自给自足和闭关自守状态，被各民族的各方面的互相往来和各方面的互相依赖所代替了。物质的生产是如此，精神的生产也是如此。各民族的精神产品成了公共的财产。民族的片面性和局限性日益成为不可能，于是由许多种民族的和地方的文学形成了一种世界文学。（《马克思恩格斯选集》第一卷）

这里“文学”一词原文是 literatur（德语），原指“文献”，包括各门学问的资料，当然也包括文学艺术方面的资料。搞一门科学，先要占领它的主要资料（书本的和实地调查的）。无论是马克思主义经典论著，还是美学论著，我们已占领的资料实在贫乏得可怜。我经常接到许多青年美学爱好者来信托我买书寄资料，我体会到他们的难处，但是我也无法可设，常叫他们失望，我感到这是很大的精神负担。不但他们,我自己近二三十年来在资料方面也长久与世隔绝,真是束手无策,坐井观天。近来我又在重新摸索二十多年前就已摸索过的马克思在1844年写的而在1932年才在柏林出版的《经济学—哲学手稿》,因为这部手稿对学习马克思主义美学是必不可少的。我仍经常遇到困难。我找了两部中译本来读,想得些帮助。可是原来没有懂的还是不易搞懂,而且发现译文比原文还更难懂,一则对原文误解不少,二则中文也嫌拖沓生硬。因此我更感到外语这一关必须攻破,中文也还有研究的必要。作为练习,我就从这部手稿中关键性的两章自己摸索着译,译出来自己还是不满意,不过对原文比过去似懂得多一点,工夫还不是白费的。我也趁此摸了摸这方面的资料的底,才知道近三十年来全世界马克思主义研究者都在对这部手稿进行着热烈的争论,西方已出的书刊就有无数种,我却毫无所知。科学资料工作我们实在太落后了,科学研究工作怎么能搞得上去呢?听说社会科学院有关部门也在研究这部手稿和翻译介绍有关的资料,我祝愿这项工作早日成功,把译出的资料公开发行。

五　艺术是一种生产劳动

朋友们:

前两信收尾时曾谈到马克思的辩证唯物主义彻底解决了人与自然、主体与客体、心与物这些对立面的统一,现在就单从艺术方面来看这种辩证统一是如何通过劳动来实现的。艺术是一种生产劳动,是精神方面的生产劳动,其实精神生产与物质生产是一致的,而且是互相依存的。我们的根据主要是马克思的《经济学—哲学手稿》、《资本论》第一卷里关于"劳动"和恩格斯的《自然辩证法》中关于"从猿到人"的论述。

在《经济学—哲学手稿》里,马克思要论证人类何以必然要废除资本主义社会的私有制,才能达到共产主义。他是从劳动者及其劳动来看这个问题的。在私有制之下,一切财富都是由劳动者生产出来的,而劳动者不但被剥夺去他的生产资料、生活资料和劳动产品,而且还被剥夺去他作为社会人的"本质力量"或固有才能,沦为机器零件,沦为商品,过着非人的生活。马克思把这种情况叫作"异化"。要彻底废除私有制,才能彻底消除这种"异化",才能进入共产主义。马克思给真正的共产主义下了一个意义深远的定义:

> 共产主义就是作为人的自我异化的私有制的彻底废除,因而就是通过人而且为着人,来真正占有人的本质。所以共产主义就是人在前此发展出来的全部财富范围之内,全面地

自觉地回到人自己，即回到一种社会性的（即人性的）人的地位。这种共产主义作为完善化的（即“充分发展的”“彻底的”）自然主义，就等于人道主义；作为完善化的人道主义也就等于自然主义。共产主义就是人与自然之间和人与人之间的对立冲突的真正解决，也就是存在与本质、对象化与自我肯定、自由与必然、个体与物种之间纠纷的真正解决。共产主义就是历史谜语的解决，而且认识到自己就是这种解决。

这是辩证唯物主义的一个较早的提法，是贯串在全部手稿中的一条红线。马克思在下文又就人与社会的关系做了补充：

自然中所含的人性的本质只有对于社会的人才存在；因为在社会里，自然对于人才作为人和人的联系纽带而存在——他为旁人而存在，旁人也为他而存在，——这是人类世界的生活要素（即“基本原则”）。只有这样，自然才作为人自己的人性的存在的基础而存在。只有这样，对人原是自然的存在才变成他的人性的存在，自然对于他就成了人。因此，社会就是人和自然的完善化的统一体，——自然的真正复活——人的彻底的自然主义和自然的彻底的人道主义。

从此可见，人道主义与自然主义的辩证统一含有两点互相因依的要义：人之中有自然，自然之中也有人。人得到充分发展要靠自然得到充分发展，自然得到充分发展也要靠人得到充分发展。自然是人的肉体食粮和精神食粮的来源，是人的生产劳动的基础和手段。人在劳动中才开始形成社会。生产劳动就是社会性的人凭他的本质力量对自然的加工改造。在这过程中,自然日益受到人的改造,就日益丰富化,就成了“人化的自然”;人发挥了他的本质力量,就是肯定了他自己,他的本质力量就在改造的自然中“对象化”了,因而也日益加强和提高了。这就是人在改造自然之中也改造了自己。人类历史就这样日益进展下去,直到共产主义,人和自然双方都会得到充分发展,这就是“人的彻底的自然主义和自然的彻底的人道主义”的辩证统一。

中国先秦诸子有一句老话:“人尽其能,地尽其利。”“人尽其能”就是彻底的人道主义,“地尽其利”就是彻底的自然主义。不过这句中国老话没有揭示人与自然的统一和互相因依,只表达了对太平盛世的一种朴素的愿望。马克思却不仅揭示了人与自然的统一,而且替共产主义奠定了一个坚实的哲学基础,实际上也替美学和艺术奠定了一个马克思主义的哲学基础。就是在讨论人与自然的统一时,马克思提出了“美的规律”,我们不妨细心研究一下马克思的原话:

> 通过实践来创造一个对象世界,即对有机自然界进行加工改造,就证实了人是一种存在。……动物固然也生产,它替自己营巢造窝,例如蜜蜂、海狸和蚂蚁之类。但是动物只制造它自己及其后代直接需要的东西,它们只片面地生产,而人却全面地生产;动物只有在肉体直接需要的支配之下才生产,而人却在不受肉体需要的支配时也生产,而且只有在不受肉体需要的支配时,人才真正地生产;动物只生产动物,而人却再生产整个自然界;动物的产品直接联系到它的肉

体，而人却自由地对待他的产品。动物只按照它所属的那个物种的标准和需要去制造，而人却知道怎样按照每个物种的标准来生产，而且知道怎样到处把本身固有的标准运用到对象上来制造，因此，人还按照美的规律来制造。

从这段重要文献可以看出以下几点：

一、精神生产和物质生产的一致性。人通过劳动实践对自然加工改造，创造出一个对象世界。这条原则既适用于工农业的物质生产，也适用于包括文艺在内的精神生产。这两种生产都既要根据自然，又要对自然加工改造，这就肯定了文艺的现实主义，排除了文艺流派中的自然主义。

二、人不同于动物在于人有自意识（即自觉性）。他意识到自己就是人类一个成员，而且根据这种认识来生产。动物只在受肉体直接需要的支配之下片面地生产，人却是根据人类的深远需要全面地自由地生产。这就肯定了文艺的广阔题材和社会功用。具体的实例是蜜蜂营巢和建筑师仿制蜂房的分别。

三、"人还按照美的规律来制造。"人的生产无论是精神的还是物质的，都与美有联系，而美有美的规律。这句话前面有"因此"连接词，足见是总结全段上文。"此"显然指上文所列的两条：一条是人"知道怎样按照每个物种的标准来生产"。标准就是由每个物种的需要来决定的规律。动物只按自己所属的那个物种的直接需要来制造，例如蜂营巢，人却全面地自由地生产，能运用每个物种的标准，例如建筑师既能仿制蜂巢，又能建造高楼大厦和其他工程。这就是前一条的要求。另一条比前一条更进了一步，人"知道怎样到处把本身固有的标准运用到对象上来制造”。这本身固有的标准是属于对象的,也就是根据对象本身固有的规律。恩格斯论述“从猿到人”时说:“我们对自然界的整个统治,是在于我们比一切其他动物强,能够认识和正确运用自然规律。”马克思所说的“对象本身固有的规律”也就是恩格斯所说的“自然规律”。就文艺来说,这就涉及认识整个客观世界和人们所曾探讨的文艺本身的各种规律。可见“美的规律”是非常广泛的,也可以说就是美学本身的研究对象。

马克思在《经济学—哲学手稿》里还说过:“人是用全面的方式,因而是作为整体的人,来掌握他的全面本质。”这个“人的整体”观点也是文艺方面的一条基本规律。“本质”有时也叫作“本质力量”,究竟是些什么呢?马克思举例如下:

> 视,听,嗅,味,触,思维,观照,情感,意志,活动,生活,总之,人的个体所有的全部器官,以及在形式上属于社会器官[①]一类的那些器官,都是针对着对象,要占领或掌管该对象,要占领或掌管人类的现实界,它们针对对象的活动就是人类的现实生活的活动。

过去心理学只把视、听、嗅、味、触叫作“五官”,每一种器官管一种感觉。马克思把器官扩大到人的肉体和精神两方面的全部本质力量和功能。五官之外他还提到思维、意志、情感(在另一段还提到“爱情”)。器官的功用不仅在认识或知觉,更重要的是“占领或掌管人类的现实界”的人类“现实生活的活动”。这就必

---

① 即交流思想情感的器官,主要指语言器官。

然要包括生产劳动的实践活动，其中包括艺术和审美活动。各种感官都是在长期历史发展中由实践经验逐渐形成的。“各种感官的形成是从古到今全部世界史的工作成果。”

举听觉为例，马克思说过：

> 正如只有音乐才能唤醒人的音乐感觉，对于不懂音乐的耳朵，最美的音乐也没有意义，就不是它的对象，因为我的对象只能是我的本质的表现。

这两句极简单的话解决了美和美感以及美的主观性或客观性的问题。上句说音乐美感须以客观存在的音乐为先决条件，下句说音乐美也要靠有“懂音乐的耳朵”这个主观条件。请诸位想一想：一、美单是主观的，或单是客观的吗？二、美能否离开美感而独立存在呢？想通了这两个问题，许多美学上的问题就可迎刃而解了。

马克思的《资本论》是他的思想成熟时期的主要著作，它是否就已抛弃了《经济学—哲学手稿》的一些基本论点呢？我们现在就来研究一下《资本论》第一卷第三篇第五章中马克思对“劳动过程”所做的著名的总结，其中关键性段落如下：

> 劳动首先是人和自然都参加的一种过程，在这种过程中，人凭自己的活动作为媒介，来调节和控制他跟自然之间的物质交换。人自己也作为一种自然物质来对待自然物质。他为着要用一种对自己生活有利的方式去占领自然物质，于是发动肉体的各种自然力，例如肩膀、腿以及头和手。人在

通过这种运动对自然加工改造之中,也就在改造他本身的自然(本性),促使他的原来睡眠着的各种潜力得到发展,并且服从他的控制。我们在这里讨论的不是原始动物的本能的劳动,现在的劳动是由劳动者拿到市场上出卖的一种商品,和原始动物的本能劳动的情况已隔着无数亿万年了。我们现在谈的是人类所特有的那种劳动。蜘蛛结网,颇类似织工纺织;蜜蜂用蜡来造蜂房,使许多人类建筑师都感到惭愧。但是就连最拙劣的建筑师也比最灵巧的蜜蜂要高明,因为建筑师在着手用蜡来造蜂房之前,就已经在头脑里把那蜂房构成了。劳动过程结束时所取得的成果在劳动过程开始时就已存在于劳动者的观念中了,已经以观念的形式存在着了。他不仅造成自然物的一种形态改变,同时还在自然中实现了他所意识到的目的。这个目的就给他的动作的方式和方法规定了法则(或规律)。他还必须使自己的意志服从这个目的。这种服从并不仅在一些零散动作上,而是在整个劳动过程中各种劳动器官都要紧张起来,此外还要行使符合目的的意志,具体表现为集中注意(聚精会神)。劳动的内容和进行方式对劳动者[须有吸引力],吸引力愈少,劳动者就愈不能从劳动中感到运用肉体和精神两方面的各种力量的乐趣,同时也就愈需要加强集中注意。

这段引文有以下几个要点值得特别注意:

一、开宗明义就指出“劳动首先是人和自然都参加的一种过程”,说明主体和客体都不可偏废。人在劳动过程中改造了自然也改造了自己。这还是贯串在《经济学—哲学手稿》中的人道主义与自然主义统一那条红线。

二、这里沿用了蜜蜂造蜂房的例证来重申人的自觉性。人与动物的分别在人在劳动生产之前心里已先有蓝图，有了观念（Idee，即“意象”）和目的（生产品的功用），而这个目的就规定了动作的方式和方法的法则（规律），即《经济学—哲学手稿》中“物种标准”和对象“本身固有的规律”。成品出产以前先以观念或意象（蓝图）的形式存在脑里，这就肯定了形象思维。

三、这里重申了各种劳动器官的全面合作，都要紧张起来，这就表现为“注意”或“聚精会神”。能引起“注意”和“紧张”就说明劳动的内容和方式都有吸引力，使劳动者在劳动中感到发挥全身本质力量的“乐趣”。这“乐趣”就是美感。美感首先是由生产劳动本身引起的。所以说，艺术起源于劳动。

《经济学—哲学手稿》和《资本论》里的论“劳动”对未来美学的发展具有我们多数人还没有想象到的重大意义。它们会造成美学领域的彻底革命，我们只消回顾一下已往统治西方美学的从康德到克罗齐那一系列的唯心主义大师的论点，把它们和马克思主义的论点细心比较一下，便会明白这个道理。

《资本论》里关于“劳动”的论述足以证明马克思在成熟时期并没有放弃《经济学—哲学手稿》中的一些基本论点。能证明这一点的还有恩格斯的《自然辩证法》中的关于“从猿到人”的论述。这篇1876年才写成的论文是《经济学—哲学手稿》的最透辟的阐明和进一步的发挥。文字较通俗易读，读者如果细心对照一下，便会看出它和《经济学—哲学手稿》是一脉相承的。

恩格斯也是从生产劳动来看人和社会发展的。他一开始就说：“劳动和自然界一起才是一切财富的源泉，……它是整个人类生活的第一基本条件,……劳动创造了人本身。”在人本身各种器官之中恩格斯特别强调了人手、人脑和语言器官的特殊作用。人手在劳动中得到高度发展,到能制造劳动工具时,手才“变得自由”,“所以人手不仅是劳动的工具,它还是劳动的产物”。人手在长期历史发展中通过劳动愈来愈完善,愈灵巧:

> 在这个基础上人手才能仿佛凭着魔力似的产生了拉斐尔的绘画、托尔瓦德森的雕刻以及帕格尼尼的音乐。

这个实例就足够生动地说明艺术起源于劳动了。

恩格斯还根据达尔文的生长关联律,证明手不是孤立的,手的改变也引起脚和其他器官的改变。人脚能直立,行动更方便,人的眼界也扩大了,在自然事物中不断发现新的属性了。劳动的发展必然促进人与人的互助协作,“到了彼此间有些什么非说不可了”,这就产生了语言的器官。语言是从劳动中并和劳动一起产生出来的。不但人,就连某些动物(如鸟),也能学会一种语言,从此就获得“依恋、感谢等等表现情感的能力”了。“首先是劳动,然后是语言和劳动一起,成了两个最主要的推动力,使人的脑髓及其所统辖的各种器官一齐发展起来,日渐趋于完善化,从而人的意识也愈来愈清楚,抽象能力和推理能力也日渐发展起来了。等到人完全形成,就产生了社会这个新因素,作为一种有力的推动力,同时也使人的行动有更确定的方向。”

这里说的“社会”不是本能式的社会性,而是有组织的形成制度的团体。有了社会,“人有能力进行愈来愈复杂的活动,提出和达到愈来愈高的目的”,劳动本身也日益多样化和完善化。游牧打猎之外又有了农业、商业、手工业和航行术。接着恩格斯对社会发展史做了简括的叙述：

同商业和手工业一起，最后出现了艺术和科学，从部落发展成了民族和国家。法律和政治发展起来了，而且和它们一起，人的存在在人脑中的幻想的反映——宗教，也发展起来了。

由于这些意识形态都"首先表现为头脑的产物"，头脑似乎是统治着人类社会的东西，手所制造的东西就退到次要地位，手的活动便仿佛只是执行脑所计划好的劳动，人们便习惯于把全部文明归功于脑的活动即思维的活动，这样就产生了唯心主义世界观，认识不到劳动在社会发展中所起的作用了。

恩格斯尽管指出唯心主义世界观使存在与思维的关系本末倒置，却也丝毫不贬低人在统治自然之中思维所起的巨大作用，他拿人和动物比较说：

但是人离开动物愈远，他们对自然界的作用就愈带有经过思考的、有计划的、向着一定的和事先知道的目标前进的特征。

此外，人统治自然的能力也远比动物大：

动物仅仅利用外部自然界……而人则通过他所作出的改变来使自然界为他的目的服务，来支配自然界，这便是人同其他动物的最后的本质的区别所在，而造成这一区别的还是劳动。

……我们对自然界的整个统治,是在于我们比其他一切动物强,能够认识和正确运用自然规律。

人愈正确地理解自然规律,也就愈会认识到:

人自身和自然界的一致,而那种把精神和物质、人类和自然、灵魂和肉体对立起来的荒谬的反自然的观点,也就愈不可能存在了。

这是一个极其重要的结论,这正是马克思在《经济学—哲学手稿》里所作出的人道主义与自然主义的统一那个结论。从此可以看出,认为《经济学—哲学手稿》的基本观点已过时以及"美纯粹是客观的"之类说法是多么"荒谬和反自然"了。

六　冲破文艺创作和美学中的一些禁区

朋友们：

我国从解放以来，在党的百花齐放、推陈出新的方针指引下，文艺才获得了新生，在短短的三十年之中，出现了前所未有的繁荣景象。不过，发展的道路向来是崎岖曲折的，在这三十年之中，我们不断受到左的和右的干扰，特别是林彪和"四人帮"对文艺界施行法西斯专政长达十年之久，对文艺创作和理论凭空设置了一些禁区，强迫文艺界就范，因而造成了万马齐喑的局面。今天，一场马克思主义的思想解放运动正在深入展开，形势是很好的；但有些同志面对着过去形成的一些禁区仍畏首畏尾，裹足不前。这种徘徊观望状态是和四个现代化的步伐不合拍的。让我们运用马克思主义的思想武器，一起来冲破禁区吧。

要冲破的究竟有哪些禁区呢？

一、首先就是"人性论"。什么叫作"人性"？它就是人类自然本性。古希腊有一句流行的文艺信条，说"艺术摹仿自然"，这个"自然"主要就指"人性"。西方从古希腊一直到现代还有一句流行的信条，说文艺作品的价值高低取决于它摹仿（表现、反映）自然是否真实。我想不出一个伟大作家或理论家曾经否定过这两个基本信条，或否定过这两个信条的出发点，尽管"人性论"在性善性恶的问题上常有分歧。我们中国过去在人性论问题上也基本上和西方一致，可是近来"人性论"在我们中间却成了一条罪状或一个禁区。特别在流行的文学史课本中说某个作家的出发点是人性论,就是对他判了刑,至少是嫌他美中不足。为什么出现了这种论调呢?据说是相信人性论,就要否定阶级观点,仿佛是自从人有了阶级性,就失去了人性,或者说,人性就不再起作用。显而易见,这对马克思主义者所强调的阶级观点是一种歪曲。人性和阶级性的关系是共性与特殊性或全体与部分的关系。部分并不能代表或取消全体,肯定阶级性并不是否定人性。在前信里,我们已经看出马克思所强调的“人的肉体和精神两方面的本质力量”便是人性,马克思正是从人性论出发来论证无产阶级革命的必要性和必然性,论证要使人的本质力量得到充分的自由发展,就必须消除私有制的。毛主席关于“人性”的阐述也很明确:

> 有没有人性这种东西?当然有的。但是只有具体的人性,没有抽象的人性。在阶级社会里就是只有带着阶级性的人性,而没有什么超阶级的人性。(《毛泽东选集》第三卷)

很明显,阶级性也是在人性的基础上形成的。到了共产主义时代,阶级消失了,人性不但不消失,而且会日渐丰富化和高尚化。那时文艺虽不再具有阶级性,却仍必然要反映人性,当然反映的是具体的人性。所谓“具体”,就是体现于阶级性以外的其他特性,体现于共产主义时代的具体人物和具体情节。

总之,凭阶级观点围起来的这种“人性论”禁区是建筑在空虚中的,没有结实基础的。望人性论而生畏的作家们就必然要放弃对人性的深刻理解和忠实描绘,这样怎么能产生名副其实的文艺作品呢?有不少的作家正坐此弊,因而只能产生一些田园诗式或牧歌式的歌颂和一些抽象的空洞概念的图解。要打破这种固定不变的公式,首先就要打破“人性论”这个禁区。打破这个禁区,新文艺才能踏上康庄大道。这也是“不破不立”大原则中的一个事例。

二、与“人性论”这个禁区密切相联系的还有壁垒同样森严的“人道主义”禁区。人道主义是西方文艺复兴时代作为反封建、反教会而提出来的一个口号。尽管它有时还披着宗教的伪装,但是以人道代替神道的基本思想最后终于冲破了基督教会在西方长达一千余年的黑暗统治。在法国资产阶级革命中《人权宣言》所标榜的“自由”和“平等”以及后来添上的“博爱”,就是人道主义的具体政治内容。所以人道主义在近代西方起过推动历史前进的作用,尽管后来基督教会把“博爱”这个它早已用过的口号片面地加以夸大,遂使人道主义狭窄化为“慈善主义”或“慈悲主义”,成了帝国主义对内宣扬阶级妥协、对外宣扬殖民统治的武器。总之,人道主义在西方是历史的产物,在不同时代具有不同的具体内容,却有一个总的核心思想,就是尊重人的尊严,把人放在高于一切的地位,因为人虽是一种动物,却具有一般动物所没有的自觉心和精神生活。人道主义可以说是人的本位主义,这就是古希腊人所说的“人是衡量一切事物的标准”,我们中国人所常说的“人为万物之灵”。人的这种“本位主义”显然有它的积极的社会效用,人自觉到自己的尊严地位,就要在言行上争取配得上这种尊严地位。一切真正伟大的文艺作品没有不体现出人的伟大和尊严的,从古代的神话、雕刻、史诗和悲剧到近代的小说和电影,都是如此。马克思不但没有否定过人道主义,而且把人道主义与自然主义的统一看作真正共产主义的体现。在美学方面,且不说贯串康德和黑格尔美学著作的都是人道主义，就连激进派车尔尼雪夫斯基也说得很明确：

> 在整个感性世界里，人是最高级的存在物；所以人的性格是我们所能感觉到的世界上最高的美。至于世界上其他各级存在物只有按照它们暗示到人或令人想到人的程度，才或多或少地获得美的价值。(《美学论文选》)

为什么我们中间有些理论家特别是文学史课本的编写者，一遇到人道主义就嗤之以鼻呢？难道因为它是资产阶级货色，便连做研究对象的资格也没有吗？这无异于要倒掉洗婴儿的脏水，就连婴儿也要一起倒掉。真正的马克思主义者，既要看到人道主义的时代局限和阶级局限，又要看到它在历史上的进步作用，不能因为人道主义的发明权是资产阶级的，便连革命人道主义也不讲了。

三、由于否定了人性论，“人情味”也就成了一个禁区，因为人情也还是人性中的一个重要因素。在文艺作品中人情味就是人民所喜闻乐见的东西。有谁爱好文艺而不要求其中有一点人情味呢？可是极左思潮泛滥时，人情味居然成了文艺作品的一条罪状。对巴金和老舍等同志的一些小说杰作，艾青同志的一些诗歌以及对影片《早春二月》的批判和打击至今记忆犹新，而余毒也似未尽消除。人情味的反面是呆板乏味。文艺作品而没有人情味会成什么玩艺儿呢？那只能是公式教条的图解或七巧板式的拼凑。今天敲敲打打吹上了天，明日便成了泄了气的气球，难道这种“文艺作品”的命运我们看到的还少吗？无论在中国还是在外国，最富于人情味的母题莫过于爱情。自从否定了人情味，细腻深刻的爱情描绘就很难见到了。为什么有相当长的一个时期中人们都不爱看我们自己的诗歌、戏剧、小说和电影，等到“四人帮”一打倒，大家都如饥似渴地寻找外国文艺作品和影片呢？还不是因为我们自己的作品人情味太少、“道学气”太重了吗？道学气都有一点伪善或弄虚作假。难道这和现实主义文艺或浪漫主义文艺有任何共同之处吗？提到政治思想的高度来说，难道社会主义社会中的男男女女都要变成和尚尼姑，不许尝到、也不许表现出人世间的悲欢离合吗？人们也许责骂我的这种想法是要求文艺“自由化”，也就是说，要社会主义文艺向资本主义国家的文艺投降。但是文艺究竟能不能“交流”和“借鉴”而不至于“投降”呢？如果把冲破禁区理解为“自由化’，我就不瞒你说，我要求的正是“自由化”！

四、人性论和人情味既然都成了禁区，“共同美感”当然也就不能幸免。有人认为肯定了共同美感，就势必否定阶级观点。毫无疑问，不同的阶级确实有不同的美感。焦大并不欣赏贾宝玉所笃爱的林妹妹，文人学士也往往嫌民间大红大绿的装饰“俗气”。可是这只是事情的一个方面，事情还有许多其他方面，因为美感这个概念是很模糊的，美感的来源也是很复杂的。过去有些美学家认为美仅在形色的匀称、声音的调和之类形式美，另外一些美学家却把重点放在内容意义上，辩证唯物主义则强调内容和形式的统一。就美感作为一种情感来说，它也是非常复杂的，过去美学家们大半认为美感是一种愉快的感觉，可是它又不等于一般的快感，不像渴时饮水或困倦后酣睡那种快感。有时美感也不全是快感，悲剧和一般崇高事物如狂风巨浪、悬崖陡壁等等所产生的美感之中却夹杂着痛感。喜剧和滑稽事物所产生的美感也是如此。同一美感中也有发展转变的过程,往往是生理和心理交互影响的。过去心理学在这方面已做过不少的实验和分析工作,已得到了一些公认的结论,但是需要进一步研究的问题也还很多。现在我们中间不少人对这方面的科学研究还毫无所知,或只是道听途说,就轻易对美感下结论,轻易把"共同美感"打入禁区,这也是一个学风问题。

究竟有没有共同美感呢?

根据何其芳[①]同志在1977年《人民文学》第九期里回忆毛泽东同志谈话的文章,毛泽东同志是肯定了共同美感的。他说:"各个阶级有各个阶级的美,各个阶级也有共同的美,'口之于味,有同嗜焉'。"我们在前面介绍《经济学—哲学手稿》和《资本论》的那封信里也已经看到马克思肯定了人类物质生产和精神生产要符合"美的规律",而且肯定了这两种生产都因为人在劳动中发挥了肉体和精神两方面的本质力量而感到乐趣。这种乐趣不就是美感吗?马克思因此进一步肯定了艺术起源于劳动。劳动是人类的共同职能,它所产生的美感能不是人类共同美感吗?

马克思和毛泽东同志都是全世界无产阶级革命导师,同时也都是"共同美感"的见证人。马克思在一系列的著作中高度评价了过去奴隶社会、封建社会和资本主义社会的一系列的文艺杰作,从古希腊的神话、史诗、悲剧、喜剧,文艺复兴时代的但丁的《神仙》、莎士比亚的悲剧、塞万提斯的《堂吉诃德》,直至近代巴

① 何其芳(1912—1977),中国诗人、文学评论家。著作诗集《预言》《夜歌和白天的歌》等,散文集《画梦录》等,文艺论文集《关于现实主义》《文学艺术的春天》等。有《何其芳文集》行世。

尔扎克的《人间喜剧》,而且早年还亲自写过爱情诗。毛泽东同志也是如此,对中国古典文学有着渊博、深湛的认识和终生不倦的钻研和爱好,而且在自己的光辉的诗词中吸取了中国古典文学精华,甚至不放弃古典诗词的格律,真正做到了推陈出新。难道这两位革命导师对各种社会类型的古典文艺的爱好不足以证明不同的时代、不同的民族和不同的阶级有共同的美感吗?

还不仅此,否定共同美感,就势必要破坏马克思主义关于文化(包括文艺在内)的两大基本政策:一是对传统的批判继承,一是对世界各民族的文化的交流借鉴、截长补短。在文艺方面这两大政策的实施不但促进了文艺繁荣,也促进了各民族之间的互相了解、和平共处。否定共同美感,就势必割断历史,不可能有批判继承;也势必闭关自守、坐井观天,不可能有交流借鉴。你们想想,生今之世,难道能否定文化继承和文化交流吗?

五、特别要冲破的是江青和她的走卒们所鼓吹的"三突出"谬论对于人物性格所设置的一些禁区。文艺作品总离不开人,特别是叙述故事情节的戏剧和小说,亚理斯多德把戏剧中的角色叫作"在行动中的人",马克思主义者把他们叫作"典型环境中的典型人物"。角色之中有主次之分,首要的角色叫作主角,在西方为hero。这个西文词的一般意义是"英雄",主角可以是英雄人物,也可以是所谓"中间人物"或"小人物"。在封建社会,戏剧和小说的主角大半是些英雄人物,因为当时只有封建社会上层人物才能作为主角,反映在文艺作品里,为着维护或颂扬他们身份的高贵尊严,他们大半被描写成为英雄人物。不过只是在悲剧性或严肃性的作品里是如此,至于喜剧性的作品里如莫里哀的《伪君子》

和《暴发户绅士》[1]之类喜剧主角却都不是什么英雄人物而是些卑鄙可笑的人物。到了近代资产阶级登上了政治舞台，因而也登上了文艺舞台，文学流派中现实主义便占了上风，情形就有了彻底的变化。现实主义派抛弃过去歌颂英雄人物和伟大事迹的习尚，有意识地描写社会下层人物。从此最流行的是小说，特别是在资产阶级当权较早的英国。18世纪一些著名小说家如笛福、理查逊和菲尔丁等人，他们所写的人物，大半不是什么“英雄”而是名副其实的“中间人物”（当时英国资产阶级称作“中间阶级”），所写的事迹也不是宫廷显赫人物的政治大事，而是一般家庭纠纷或流浪汉冒险寻金之类的投机勾当。在19世纪俄国现实主义之中，写“小人物”和“多余的人”[2]便作为一个正式口号提了出来。莱蒙托夫的著名小说《当代英雄》（本应译为《现时代的主角》）中的主角毕乔林就不是什么英雄人物而是典型的小人物或多余的人物。过去时代的主角是统治阶级的领导人物，而“现时代的主角”却是毕乔林之类没落阶级的悲观厌世、行为卑鄙的人物了。

我约略叙述这种历史转变，因为从此可以揭示“四人帮”在文艺方面所吹嘘的“三突出”谬论的反动性。这批害人虫妄图把封建时代突出统治阶层首脑人物的老办法拖回到现代文艺作品里来，骨子里还是为着突出他们自己，为他们篡党夺权做思想准备。他们理想中的英雄人物有两大特点：第一是十全十美，没有一点瑕疵；其次是始终一致，出台时是啥样性格，收场时还是啥样性格。这两点都歪曲人性，又背离发展观点，结果使文艺作品中的

① 现译为《贵人迷》。

② 出自俄国作家屠格涅夫的《多余人日记》。是19世纪俄国文学中所描绘的贵族知识分子的一种典型。概括而言，这类人属于“思想上的巨人，行动上的矮子”。

主角不是有血有肉的人，而是概念、公式的图解或漫画式的夸张。近代英国小说家福斯特(E. M. Forster)在《论小说的各方面》一书中论述了见不出冲突发展的“平板人物”和见出冲突发展的“圆整人物”之别，认为小说不应写出前一种人物而应写出后一种人物。“四人帮”所吹捧的恰是前一种，所禁忌的恰是后一种，在他们眼里看来，宋江不应有“坐楼杀惜”，李逵也应该莽撞到底，伽利略那样有重大发明的科学家，就宁可放弃完成他的科学巨著而不应贪生怕死，看到烤鹅肉也不能那样馋。他们狂妄无知竟到了这种程度！

其次，由于他们片面地突出“英雄人物的高大形象”，就把所谓“中间人物”和“小人物”列入禁区。描绘小人物和中间人物的能手赵树理同志的作品就被打入冷宫，而且作家本人也被迫害至死。想起无数类似的事例，谁能不痛心疾首！遭殃的并不限于一些优秀作家和优秀作品，还应想一想由江青盗窃来而加以窜改歪曲的八部“样板戏”成了几多大大小小的作家们的“样板”？几多人有意识地或无意识地陷入那批人妖所设置的陷阱？结果形成了什么样的文风？在青年一代思想中造成了多么大的危害？

冲破他们所设置的禁区，解放思想，按照文艺规律来繁荣文艺创作，现在正是时候了！

七　从生理学观点谈美与美感

朋友们：

你们来信常追问我：美是什么？美感是什么？美与美感有什么关系？美是否纯粹是客观的或主观的？我在第二封信里已强调过这样从抽象概念出发来对本质下定义的方法是形而上学的。要解决问题，就要从具体情况出发，而审美活动的具体情况是极其复杂的。前信已谈到从马克思在《资本论》里关于“劳动”的分析看，就可以看出物质生产和精神生产都有审美问题，既涉及复杂的心理活动，又涉及复杂的生理活动。这两种活动本来是分不开的，为着说明的方便，姑且把它们分开来说。在第三封信《谈人》里我们已约略谈了一点心理学常识，现在再就节奏感、移情作用和内摹仿这三项来谈一点生理学常识。

一、节奏感。节奏是音乐、舞蹈和歌唱这些最原始也最普遍的三位一体的艺术所同具的一个要素。节奏不仅见于艺术作品，也见于人的生理活动。人体中呼吸、循环、运动等器官本身的自然的有规律的起伏流转就是节奏。人用他的感觉器官和运动器官去应付审美对象时，如果对象所表现的节奏符合生理的自然节奏，人就感到和谐和愉快，否则就感到“拗”或“失调”，就不愉快。例如听京戏或鼓书，如果演奏艺术高超，像过去的杨小楼和刘宝全那样，我们便觉得每个字音和每一拍的长短高低快慢都恰到好处，有“流转如弹丸”之妙。如果某句落掉一拍，或某板偏高或偏低，我们全身筋肉就仿佛突然受到一种不愉快的震撼。这就叫作节奏感。为着跟上节奏,我们常用手脚去“打板”,其实全身筋肉都在“打板”。这里还有心理上的“预期”作用。节奏总有一种习惯的模式。听到上一板,我们就“预期”下一板的长短高低快慢如何,如果下一板果然符合预期,美感便加强,否则美感就遭到破坏。在这种美或不美的节奏感里你能说它是纯粹主观的或纯粹客观的吗？或则说它纯粹是心理的或纯粹是生理的吗？

节奏是主观与客观的统一,也是心理和生理的统一。它是内心生活(思想和情趣)的传达媒介。艺术家把应表现的思想和情趣表现在音调和节奏里,听众就从这音调节奏中体验或感染到那种思想和情趣,从而引起同情与共鸣。

举具体事例来说,试比较分析一下这两段诗:

> 噫吁嚱？危乎高哉！蜀道之难,难于上青天！……其险也若此,嗟尔远道之人胡为乎来哉！
>
> ——李白《蜀道难》

> 昵昵儿女语,恩怨相尔汝。划然变轩昂,猛士赴敌场。浮云柳絮无根蒂,天地阔远随飞扬。……跻攀分寸不可上,失势一落千丈强！
>
> ——韩愈《听颖师弹琴》

李诗突兀沉雄,使人得到崇高风格中的惊惧感觉,节奏比较慢,起伏不平。韩诗变化多姿,妙肖琴音由缠绵细腻,突然转到高昂开阔,反复荡漾,接着的两句就上升的艰险和下降的突兀做了强烈的对比。音调节奏恰恰传出琴音本身的变化。正确的朗诵须使音调节奏暗示出意象和情趣的变化发展。这就必然要引起呼吸、循环、发音等器官乃至全身筋肉的活动。你能离开这些复杂的生理活动而谈欣赏音调节奏的美感吗？你能离开这种具体的美感而抽象地谈美的本质吗？

节奏主要见于声音，但也不限于声音，形体长短大小粗细相错综，颜色深浅浓淡和不同调质相错综，也都可以见出规律和节奏。建筑也有它所特有的节奏，所以过去美学家们把建筑比作“冻结的或凝固的音乐”。一部文艺作品在布局上要有“起承转合”的节奏。我读姚雪垠同志的《李自成》，特别欣赏他在戎马仓皇的紧张局面之中穿插些明末宫廷生活之类安逸闲散的配搭，既见出反衬，也见出起伏的节奏，否则便会平板单调。我们有些音乐和文学方面的作品往往一味高昂紧张，就有缺乏节奏感的毛病。“张而不弛，吾不为也！”

二、移情作用：观念联想。19 世纪以来，西方美学界最大的流派是以费肖尔父子为首的新黑格尔派，他们最大的成就在对于移情作用的研究和讨论。所谓“移情作用（Einfühlung）”指人在聚精会神中观照一个对象（自然或艺术作品）时，由物我两忘达到物我同一，把人的生命和情趣“外射”或移注到对象里去，使本无生命和情趣的外物仿佛具有人的生命活动，使本来只有物理的东西也显得有人情。最明显的事例是观照自然景物以及由此产生的文艺作品。

我国诗词里咏物警句大半都显出移情作用。例如下列名句：

相看两不厌，只有敬亭山。

——李白

感时花溅泪，恨别鸟惊心。

——杜甫

颠[①]狂柳絮随风舞，轻薄桃花逐水流。

——杜甫

数峰清苦，商略黄昏雨。

——姜夔

可堪孤馆闭春寒，杜鹃声里斜阳暮。

——秦观

都是把物写成人，静的写成动的，无情写成有情，于是山可以看人而不厌，柳絮可以癫狂，桃花可以轻薄，山峰可以清苦，领略黄昏雨的滋味。从此可见，诗中的"比"和"兴"大半起于移情作用，上例有些是显喻，有些是隐喻，隐显各有程度之差，较隐的是姜、秦两例，写的是景物，骨子里是诗人抒发自己的黄昏思想和孤独心情。上举各例也说明移情作用和形象思维也有密切关系。

移情说的一个重要代表立普斯[②]反对从生理学观点来解释移植现象，主张要专用心理学观点，运用英国经验主义派的"观念联想"（特别是其中的"类似联想"）来解释。他举希腊建筑中的多利克式石柱为例。这种石柱支持上面的沉重的平顶，本应使人感到它受重压而下垂，而我们实际看到的是它仿佛在耸立上腾，出力抵抗。立普斯把这种印象叫作"空间意象"，认为它起于类似联想，石柱的姿态引起人在类似情况中耸立上腾、出力抵抗的观念

① 旧同"癫"。

② 立普斯（1851—1914），现译为"里普斯"，德国心理学家、美学家。德国"移情派"美学主要代表。

或意象，在聚精会神中就把这种意象移到石柱上，于是石柱就仿佛耸立上腾、奋力抵抗了。立普斯的这种看法偏重移情作用的由我及物的一方面，唯心色彩较浓。

三、移情作用：内摹仿。同属移情派而与立普斯对立的是谷鲁斯。他侧重移情作用的由物及我的一方面，用的是生理学观点，认为移情作用是一种“内摹仿”。在他的名著《动物的游戏》里举过看跑马的例子：

> 一个人在看跑马，真正的摹仿当然不能实现，他不但不肯放弃座位，而且有许多理由使他不能去跟着马跑，所以只心领神会地摹仿马的跑动，去享受这种内摹仿所产生的快感。这就是一种最简单、最基本、最纯粹的审美的观赏了。

他认为审美活动应该只有内在的摹仿而不应有货真价实的摹仿。如果运动的冲动过分强烈，例如西欧一度有不少的少年因读了歌德的《少年维特之烦恼》就摹仿维特自杀，那就要破坏美感了。正如中国过去传说有人看演曹操老奸巨猾的戏，就义愤填膺，提刀上台把那位演曹操的角色杀掉，也不能起美感一样。

谷鲁斯还认为内摹仿带有游戏的性质。这是受到席勒和斯宾塞尔[①]的“游戏说”的影响，把游戏看作艺术的起源。从文艺的创作和欣赏的角度看，内摹仿确实有很多例证。上文已谈到的节奏感就是一例。中国文论中的“气势”和“神韵”，中国画论中的“气韵生动”都是凭内摹仿作用体会出来的。中国书法向来自成

---

① 现译为斯宾塞(1820—1903)，英国社会学家、哲学家。主要著作有《综合哲学》《社会静态学》等。

一种艺术，康有为在《广艺舟双楫》里说字有十美，其中如“魄力雄强”“气象浑穆”“意态奇逸”“精神飞动”之类显然都显出移情作用的内摹仿。书法往往表现出人格，颜真卿的书法就像他为人一样刚正，风骨凛然；赵孟頫的书法就像他为人一样清秀妩媚，随方就圆。我们欣赏颜字那样刚劲，便不由自主正襟危坐，摹仿他的端庄刚劲；我们欣赏赵字那样秀媚，便不由自主地松散筋肉，摹仿他的潇洒婀娜的姿态。

西方作家描绘移情中内摹仿事例更多，现在举 19 世纪两位法国的著名的小说家为例。一位是女作家乔治·桑，她在《印象和回忆》里说：

> 我有时逃开自我，俨然变成一棵植物，我觉得自己是草，是飞马，是树顶，是云，是流水，是天地相接的那一条地平线，觉得自己是这种颜色或那种形体，瞬息万变，去来无碍，时而走，时而飞，时而潜，时而饮露，向着太阳开花，或栖在叶背安眠。天鹨[①]飞升时我也飞升，蜥蜴跳跃时我也跳跃，萤火和星光闪耀时我也闪耀。总之，我所栖息的天地仿佛全是由我自己伸张出来的。

另一位是写实派大师福楼拜，他在通信里描绘他写《包法利夫人》那部杰作时说：

> 写作中把自己完全忘去，创造什么人物就过着什么人物

① 鹨(liù)，鸟，身体较小，嘴细长，尾巴长。种类较多。

的生活，真是一件快事。今天我就同时是丈夫和妻子，情人和姘头，我骑马在树林里漫游，时当秋暮，满林黄叶，我觉得自己就是马，就是风，就是两人的情语，就是使他们的填满情波的眼睛眯着的那道阳光。

这两例都说明作者在创作中体物入微，达到物我同一的境界，就引起移情作用中的内摹仿。凡是摹仿都或多或少地涉及筋肉活动，这种筋肉活动当然要在脑里留下印象，作为审美活动中一个重要因素，过去心理学家认为人有视、听、嗅、味、触五官，其中只有视、听两种感官涉及美感。近代美学日渐重视筋肉活动，于五官之外还添上运动感官或筋肉感官（kinetic sense），并且倾向于把筋肉感看作美感的一个重要因素。其实中国书家和画家早就明白这个道理了。

四、审美者和审美对象各有两种类型。审美的主体（人）和审美的对象（自然和文艺作品）都有两种不同的类型，而这两种类型又各有程度上的差别和交叉，这就导致美与美感问题的复杂化。先就人来说，心理学早就把人分成“知觉型”和“运动型”。例如看一个圆形，知觉型的人一看到圆形就直接凭知觉认识到它是圆的，运动型的人还要用眼睛沿着圆周线做一种圆形的运动，从这种眼球筋肉运动中才体会到它是圆的。近来美学家又把人分成“旁观型”和“分享型”，大略相当于知觉型和运动型。纯粹旁观型的人不易起移情作用，更不易起内摹仿活动，分明意识到我是我，物是物，却仍能欣赏物的形象美。纯粹分享型的人在聚精会神中就达到物我两忘和物我同一，必然引起移情作用和内摹仿。这种分别就是尼采在《悲剧的诞生》里所指出的日神精神（旁观）

与酒神精神(分享)的分别。狄德罗[1]在他的《谈演员》[2]的名著里也强调过这个分别。他认为演员也有两种类型,一种演员演什么角色,就化成那个角色,把自己全忘了,让那个角色的思想情感支配自己的动作姿势和语调。另一种演员尽管把角色演得惟妙惟肖,却时时刻刻冷静地旁观自己的表演是否符合他早已想好的那个"理想的范本"。狄德罗本人则推尊旁观型演员而贬低分享型演员,不过也有人持相反的看法。上面所介绍过的立普斯显然属于知觉型和旁观型,感觉不到筋肉活动和内摹仿,谷鲁斯却属于运动型或分享型。因此,两人对于美感的看法就不能相同。

我还记得50年代的美学讨论中攻击的靶子之一就是我的"唯心主义的"移情作用,现在趁这次重新谈美的机会,就这个问题进行一番自我分析和检讨。我仍得坦白招认,我还是相信移情作用和内摹仿的。这是事实俱在,不容一笔抹杀。我还想到在1859年左右移情派祖师费肖尔的五卷本《美学》刚出版不久,马克思就在百忙中把它读完而且做了笔记,足见马克思并没有把它一笔抹杀,最好进一步就这方面进行一些研究再下结论。我凭个人经验的分析,认识到这问题毕竟很复杂。在审美活动中尽管我一向赞赏冷静旁观,有时还是一个分享者,例如我读《史记·刺客列传》叙述荆轲刺秦王那一段,到"图穷匕首见"时我真正为荆轲提心吊胆,接着到荆轲"左手把秦王之袖而右手持匕首揕之"时,我确实从自己的筋肉活动上体验到"持"和"揕"的紧张局面。以下一系列动作我也都不是冷静地用眼睛看到的,而是紧张地用筋

---

① 狄德罗(1713—1784),法国启蒙思想家、哲学家、文学家、美学家、无神论者。主要著作有《对自然的解释》《论美》等。

② 又译为《演员的是非谈》《演员奇谈》《谈演员的矛盾》等。

肉感觉到的。我特别爱欣赏这段散文,大概这种强烈的筋肉感也起了作用,因此,我相信美感中有筋肉感这个重要因素。我还相信古代人、老年人、不大劳动的知识分子多属于冷静的旁观者,现代人、青年人、工人和战士多属于热烈的分享者。

审美的对象也有静态的和动态的两大类型。首先指出这个分别的是德国启蒙运动领袖莱辛[1]。他在《拉奥孔》里指出诗和画的差异。画是描绘形态的,是运用线条和颜色的艺术,线条和颜色的各部分是在空间上分布平铺的,也就是处于静态的。诗是运用语言的艺术,是叙述动作情节的,情节的各部分是在时间上先后承续的,也就是处于动态的。就所涉及的感官来说,画要通过眼睛来接受,诗却要通过耳朵来接受。不过莱辛并不排除画也可化静为动,诗也可化美为媚。"媚"就足一种动态美。拿中国诗画为例来说,画一般是描绘静态的,可是中国画家一向把"气韵生动""从神似求形似""画中有诗"作为首要原则,都是要求画化静为动。诗化美为媚就是把静止的形体美化为流动的动作美。《诗经·卫风》中有一章描绘美人的诗便是一个顶好的例子:

> ……手如柔荑(嫩草),肤如凝脂(凝固的脂肪),领如蝤蛴(颈像蚕蛹),螓(一种虫)首蛾眉,齿如瓠犀(瓜子);巧笑倩兮,美目盼兮!

前五句罗列头上各部分,用许多不伦不类的比喻,也没有烘托出一个美人来。最后两句突然化静为动,着墨虽少,却把一个

---

① 莱辛(1729—1781),德国启蒙思想家、文学理论家和剧作家。德意志民族文学奠基人。

美人的姿态神情完全描绘出来了。读前五句,我丝毫不起移情作用和内摹仿,也不起美感;读后两句,我感到活跃的移情作用、内摹仿和生动的美感。这就说明客观对象的性质在美感里确实会起重要的作用。同是一个故事情节写在诗里和写在散文里效果也不同。例如白居易的《长恨歌》和陈鸿的《长恨歌传》不同;同是一个故事情节写在一部小说或剧本里,和表演在舞台上或放映在电视里效果也各不相同,不同的观众也有见仁见智、见浅见深之别。

我唠叨了这半天,目的是要回答开头时所提的那几个问题。首先,美确实要有一个客观对象,要有"巧笑倩兮,美目盼兮"这样美人的客观存在。不过这种姿态可以由无数不同的美人表现出,这就使美的本质问题复杂化。其次,审美也确要有一个主体,美是价值,就离不开评价者和欣赏者。如果这种美人处在空无一人的大沙漠里,或一片漆黑的黑夜里,她的"巧笑倩兮,美目盼兮"能产生什么美感呢?凭什么能说她美呢?就是在闹市大白天里,千千万万人都看到她,都感到她同样美吗?老话不是说"情人眼底出西施"吗?不同的人不会见到不同的西施,具有不同的美感吗?

我们在前信已说明过在审美活动中主体和对象两方面的具体情况都极为复杂。我们当前的任务是先仔细调查和分析这些具体情况,还是急急忙忙先对美和美感的本质及其相互关系作出抽象的结论来下些定义呢?我不敢越俎代庖,就请诸位自己作出抉择吧!

八 形象思维与文艺的思想性

朋友们:

形象思维的客观存在及其在文艺中的作用,在心理学和美学这些科学领域里应该说是早已有定论了。可是我国近年来却有人提出异议,否认文艺要用形象思维,甚至根本否认形象思维的存在。1977年1月,毛泽东同志《给陈毅同志谈诗的一封信》发表了。信中说:“诗要用形象思维,不能如散文那样直说,所以比、兴两法是不能不用的。……宋人多数不懂诗是要用形象思维的,一反唐人规律,所以味同嚼蜡。”联系到新诗前途,信中还进一步指出:“要作今诗,则要用形象思维方法,反映阶级斗争与生产斗争,古典绝不能要。”这个重要文件的发表,对于解决国内早已引起争论的形象思维这一重大问题,是具有积极作用的,近三年来就已在文艺界和美学界产生了广泛的影响。目前辩论还正在继续进行。这是一个振奋人心的大好形势。

我在两篇文稿里曾较详细地谈过这场争论,现在再试用通俗语言来和诸位谈一谈我对这个问题的看法。

在第三封信《谈人》里我已约略谈到认识和实践的关系以及感性认识和理性认识的关系,现在不妨回顾一下,因为形象思维与此是密切相关的。什么叫作思维?思维就是开动脑筋来掌握和解决面临的客观现实生活中的问题。所以思维本身既是一种实践活动,又是一种认识活动。思维分为两个步骤:第一步是掌握具体事物的形象,如色、声、嗅、味、触之类感官所接触到的形式和运动都在头脑里产生一种映象。这是原始的感性认识,有种种名称,例如感觉、映象、观念或表象。把从感性认识所得来的各种映象加以整理和安排,来达到一定的目的,这就叫作形象思维。把许多感性形象加以分析和综合,求出每类事物的概念、原理或规律,这是从感性认识飞跃到理性认识,这种思维就是抽象思维或逻辑思维。

举个具体的例子来说,到北海公园散步,每前走一步都接触到一些具体事物,亭台楼阁呀,花草虫鱼呀,水光塔影呀,男男女女、老老少少呀,只要是我们注意到的,他们都在我们脑里留下一些映象,其中有一部分能引起我们兴趣的就储存在我们记忆里。在散步中我们也不断遇到一些实际生活的问题,走累了就想找个地方休息,口渴了就想喝点什么,看到游艇,就动了划船的念头,如此等等。解决这类具体问题,就要我们开动一下脑筋,进行一点思维,这种实际生活所引起的思维绝大部分都是形象思维。要休息吧,就想到某堆山石后某棵大树下的座椅较安静,儿童游戏场附近较热闹,你的抉择要看你爱清静还是爱热闹;要喝茶吧,就想到茶在北海里不易得,啤酒也稀罕,就去喝点汽水算啦,如此等等。就连我这个整天做科研工作的老汉在这些场合也不去进行抽象思维,因为那里没有这个必要。我举逛北海的例子要说明的是形象思维确实存在,不单是在文艺创作中,就连在日常生活中也是经常动用的;单是形象思维也不一定就产生文艺作品。

当然也有人逛北海会起作诗、作画或写游记的兴致。北海里那么多的好风景和人物活动当然不能整个都放到诗或画里,总要凭自己思想感情的支配,从许多繁复杂乱的映象之中把某些自己中意而且也可使旁人中意的映象挑选出来加以重新组合和安排,创造出一个叫作“作品”的新的整体，即达·芬奇所说的“第二自然”。这就是文艺创作中的形象思维了。

在文艺创作过程中，一般都有个酝酿阶段，思想情感白热化阶段，还有一段斟酌修改阶段。白热化阶段是文艺创作活动的高峰，这是一种聚精会神的状态，这时心无二用，一般只专注在形象思维上，无暇分心到抽象思维上去。但是我们已多次强调过，人是一个有机整体，除了形象思维的能力之外，他还有抽象思维或逻辑推理的能力，也不能不在适当时机发挥作用，特别是在酝酿或准备阶段和作品形成后斟酌修改阶段，形象思维和抽象思维往往是交叉使用的。例如参观访问、搜集资料、整理资料都不完全是形象思维的事。你作诗或写剧本，绝不会只为你自己享受，还要考虑到听众能不能接受，对他们的影响是好是坏，乃至朗诵员和演员的安排和训练，出版和纸张印刷供应之类问题。考虑到这些与文艺创作有关的广泛的实际问题，你就决不能不适应实际需要，参用一些抽象思维。再拿逛北海为例来说，假如你是个建筑师或园林设计师，要为改造北海定规划，制蓝图，你当然要考虑到北海作为一种艺术名胜如何才能美观，要进行一些形象思维，此外也要考虑到近代建筑作为一种工程科学的许多理论问题，以及作为经济设施的投资、材料供应、劳动力配备和吸引旅游者之类经济问题，决不能只在“为艺术而艺术”。

从此可见，形象思维和抽象思维在实际生活中和文艺创作中都既有联系又有分别。我们既不应认为只有形象思维才在文艺创作中起作用，也不应认为文艺创作根本用不着形象思维，或根本否认形象思维的存在。近三年的争论是由“批判形象思维论”引起的，批判“批判形象思维论”的文章中有许多独到见解，也偶尔有片面的错误的言论。分析一些错误看法的根源，大半在科学基本常识的缺乏。我想趁这个机会再强调一下科学基本常识对于研究美学的重要性。

最浅而易见的是语言的常识。有人仿佛认为“形象思维”是胡编妄造，根本没有这回事；也有人认为这个词仿佛从别林斯基①才开始用起，意思是“在形象中思维（think in image）”。实际上这个词在西文中就是imagination，中译是“想象”。在西方，古代的菲罗斯屈拉特②、近代的英国经验派先驱培根都强调过想象在文艺创作中的重要作用。在中国，“想象”这个词，屈原在《远游》里、杜甫在《咏怀古迹》里都用过。情感和想象是西方浪漫运动中的两大法宝。在近代美学著作中从给“美学”命名的鲍姆嘉通③，经过康德、黑格尔到克罗齐，所讨论的都主要是想象。俄国的别林斯基和德国的费肖尔两人才开始用“形象思维”来解释“想象”一词的意义。参加辩论者有人把俄文和德文中相当于英文 think in image 的短语译为“在形象中思维”，而且根据这种误解来大做其文章。这正如把 I speak in English 理解为“我在英文中说话”。这岂不是闹笑话吗？

其次是历史和心理学的常识。正如感性认识是理性认识的基础，在历史发展中人类也从先有形象思维的能力，经过长期实践训练之后，才逐渐发展出抽象思维的能力。这有维柯④的《新科

---

① 别林斯基（1811—1848），俄国革命民主主义者、文艺评论家、哲学家。

② 菲罗斯屈拉特（170—245），古罗马思想家。

③ 现译为鲍姆加登（1714—1762），德国哲学家、美学家。1735 年首次提出创立美学的建议。1750 年，正式用“美学”作为书名，美学从此成为一门新的独立的学科。著作还有《形而上学》《道德哲学》等。

④ 现一般译为维科（1668—1744），意大利哲学家、美学家、历史学家。主要著作有《论古代意大利人民的智慧》、《关于民族共同性的新科学原理》（简称《新科学》）等。

学》和摩根的《古代社会》之类著作为证。原始社会处在人类的童年,人在童年尚在复演人类童年的历史,婴儿也是开始只会形象思维,要经过几年的训练和教育才学会抽象思维。这有瑞士心理学家皮亚杰[①]的几部儿童心理学著作为证,诸位自己的幼年儿女也更可以为证。近在眼前,诸位如果对儿童进行一些观察和测验,对于美学研究会比读几部课本更有益,更切实。

最重要的还是缺乏马克思主义的学识。就拿形象思维这个问题来说吧,马克思在《政治经济学批判·导言》里早就说过:

> 任何神话都是用想象和借助想象以征服自然力,支配自然力,把自然力加以形象化;……希腊艺术的前提是希腊神话,也就是已经通过人民的幻想用一种不自觉的艺术方式加工过的自然和社会形式本身。这是希腊艺术的素材。(《马克思恩格斯选集》第二卷)

这段话不但肯定了形象思维,而且说明了它在希腊神话和希腊艺术中的应用。

毛泽东同志在《矛盾论》里谈到神话时就引过这一段话,指出神话"乃是无数复杂的现实矛盾的互相变化对于人们所引起的一种幼稚的、想象的、主观幻想的变化""所以它们并不是现实之科学的反映"。神话是"想象"而不是"科学的反映",不就是神话这种原始艺术是形象思维而不是逻辑思维的产品吗?上引马克思和毛泽东同志的话,我们大家这些年来都学过无数遍,可是对付

---

① 皮亚杰(1896—1980),瑞士心理学家。发生认识论和皮亚杰学派的创始人。主要著作有《儿童的语言与思维》《结构主义》《发生认识论》《意识的掌握》等。

具体问题时就忘了，竟不起多大作用，而且还有人指责“形象思维论正是一个反马克思主义的认识论体系”“不过是一种违反常识，背离实际胡编乱造而已”，这岂不应发人深省吗？

反对形象思维论者有一个公式：

> 表象（事物映象）→概念（即思想）→新的表象（新创造的形象，即典型化了的艺术作品）

这种论点显然认为由表象到表象见不出文艺的思想性，于是新旧表象之间插进去一个等于概念的思想。这样把艺术作品倒退到“表象”，既是贬低艺术，也是缺乏心理学和美学的常识。把“概念”看作文艺的思想性，就是公式化、概念化的文艺的理论根据。

谁也不能否认文艺要有思想性，但是问题在于如何理解文艺的思想性。文艺的思想性主要表现于马克思主义创始人经常提到的倾向性（tendanz）。倾向性是一种总的趋向，不必作为明确的概念性思想表达出来，而应该具体地形象地隐寓于故事情节发展之中。这是马克思主义创始人关于思想性教导的总结。恩格斯在给玛·哈克奈斯的信里，批评了《城市姑娘》不是“充分的现实主义的”，但并没有批评她不去“鼓吹作者的社会观点和政治观点”（这就是明白说出作者的概念性的思想），相反倒是说：“作者的见解（即社会观点和政治观点）愈隐蔽，对艺术作品来说就愈好，我所指的现实主义甚至可以违背作者的见解而表露出来。”巴尔扎克就是恩格斯所举的例证。我们也可以举托尔斯泰为例。这位伟大的小说家确实没有隐蔽他的见解，他一生都在宣扬人对基督的爱和人与人的爱、个人道德修养和反对暴力抵抗。这些都不是什么进步思想。为什么列宁说他是“俄国革命的镜子”呢?他鼓吹过俄国革命吗?没有。列宁作出这样的评价,并不是因为他宣扬了一些不正确的思想,而是因为他忠实地描绘了当时俄国农民革命中农民的矛盾状态和情绪。列宁是把他称为农民革命的“一面镜子”,而没有把他称为革命的“号角”或“传声筒”,而且批判了他的思想矛盾。托尔斯泰在文艺上的胜利可以说也就是巴尔扎克的胜利,即“现实主义的伟大胜利”。一个作家只要把一个时代的真实面貌忠实地生动地描绘出来,使人们感到有“山雨欲来风满楼”之势(这就是“倾向性”的意义),认识到或预感到革命非到来不可,他就作出了伟大的贡献,不管他表现出或没有表现出什么概念性的思想。这就是“现实主义的伟大胜利”,巴尔扎克如此,托尔斯泰也是如此。

恩格斯在给敏·考茨基的信里还说过:“我认为倾向应当从场面和情节中自然而然地流露出来,而不应当特别把它指点出来。”(《马克思恩格斯选集》第四卷)这就是说,倾向不应作为作者的主观见解,而应作为所写出的客观现实的趋势,自然而然地表现出来。这样理解“倾向”或思想性,和上文所引的巴尔扎克和托尔斯泰的例子也是符合的。

用一个粗浅的比喻来说,如人饮水,但尝到盐味,见不到盐粒,盐完全溶解在水里。咸是客观事实,不是你要它咸它就咸。

不但表现在文艺作品中如此,世界观的总倾向表现在一个文艺作家身上也是如此。它不是几句抽象的口号教条所能表现出的,要看他的具体的一言一行。一个作家总有一种倾向,这种倾向是他毕生生活经验、文化教养和时代风尚所形成的。它总是思想和情感交融的统一体，形成他的人格的核心。也就是在这个意义上，文艺的“风格就是人格”。例如就人格来说，“忠君爱国”这个抽象概念可以应用到屈原、杜甫、岳飞、文天祥和无数其他英雄人物身上，但是显不出这些大诗人各自的具体情况和彼此之间的差异，也就不能作为评价他们的文艺作品的可靠依据。在西方，“人道主义”这一抽象概念也是如此。文艺复兴时代，法国革命时代，帝国主义时代，乃至无产阶级革命导师马克思都宣扬或者肯定过人道主义，但是具体的内容意义各不相同。这就是为什么我们在文艺领域里反对教条和公式化、概念化，反对用概念性思想来指导、约束甚至吞并具体的形象思维。文艺作品要有理，理不是概念而是事物的本质或客观形势本身发展的倾向。还应指出，文艺不但要有理，而且要有情，情理交融的统一体才形成人格，才形成真正伟大的文艺作品。这种情理交融的统一体就是黑格尔所说的“情致(pathos)”。别林斯基在他的文艺论文里也发挥了黑格尔关于“情致”的学说。近年来苏联美学界和文艺批评界有片面强调理性而蔑视情感的倾向，我们也跟着他们走，有时甚至超过他们，这是应该纠正的偏差。提“倾向性”似比提“思想性”较妥，因为在决定倾向之中，情感有时还比思想起更大的作用。最显著的例子是音乐。“四人帮”肆虐时曾掀起过对“无标题音乐”的批判，因为据说“无标题”就是否定思想性。对此，德国伟大音乐家休曼的话是很好的驳斥：

> 批评家们老是想知道音乐家们无法用语言文字表达出来的东西。他们对所谈的问题往往十分没有懂得一分。上帝啊！将来会有那么一天，人们不再追问我们神圣的乐曲背

后隐寓着什么意义吗？你且先把五度音程辨认清楚吧，别再来干扰我们的安宁！

隐寓的"意义"便是"思想"。思想是要用语言文字来表达，而音乐本身不用语言文字，它只是音调节奏起伏变化的艺术。音调节奏起伏变化是和情感的起伏变化相对应的，所以音乐所表现的是情感而不是只有语言文字才能表达出的思想。托尔斯泰在《艺术论》里强调文艺的作用在传染情感，这是值得我们深思的。

不但在音乐里，就连在作为语言艺术的文学里最感动人的也不是概念性思想而是生动具体的情感。如拿莎士比亚为例，你能从他的哪一部作品里探索出一些概念性的思想吗？确实有些批评家进行过这种探索，所得到的结论不过是他代表了文艺复兴时代的人道主义精神，更具体一点也不过像英国美学家克·考德威尔[1]所说的，莎士比亚在政治倾向上要求英国有一个能巩固新兴资产阶级政权的强有力的君主。就是这些概念（你自己也许还在将信将疑）使你受到感动和教育吗？就我个人来说，我至今还抓不住莎士比亚的思想体系，假如他有的话。在读他的作品时，首先是他所写出生动具体的典型环境下典型人物性格，其次是每部剧本里，特别在悲剧里，都表现出强烈的情感，强烈的爱和恨，强烈的悲和喜，强烈的憧憬和怅惘，强烈的讽刺和谑浪笑傲，就是这些因素使我感到振奋，也使我感到苦闷。振奋也好，苦闷也好，心总在跳动，生命总在活跃地显出它的力量，这对于我就可心满意足了。阿门！

---

① 克·考德威尔（1907—1937），英国进步作家，企图用马克思主义观点来研究文艺和美学。《幻觉与现实》是他的名著，其中分析过莎士比亚的剧作。

附记：

形象思维是一切艺术的主要的思维方式，不限于诗，也不限于比、兴。赋（直陈其事）也要用形象思维。姑举古代民歌《箜篌引》为例：

“公无渡河，公竟渡河，渡河而死，将奈公何！”

这就是直陈其事，是一首三部曲的挽歌，完全使用形象思维，声泪俱下，感染力很强。我特别写这几句附记，因为近代文艺作品主要是散文作品，如果专就中国的诗中的比、兴着眼，就难免忽视形象思维在近代小说和戏剧中的重要作用。

九　文学作为语言艺术的独特地位

朋友们:

前此我们已屡次谈到,研究美学不能不懂点艺术,否则就会变成“空头美学家”,摸不着美学的门。艺术究竟是怎么回事呢?它有哪些门类?各门艺术之间有什么关系和差别?这些都是常识问题,但是懂透也颇不易。

“艺术”(art)这个词在西文里本义是“人为”或“人工造作”。艺术与“自然”(现实世界)是对立的,艺术的对象就是自然。就认识观点说,艺术是自然在人的头脑里的“反映”,是一种意识形态;就实践观点说,艺术是人对自然的加工改造,是一种劳动生产,所以艺术有“第二自然”之称。自然也有“人性”的意思,并不全是外在于人的,也包括人自己和他的内心生活。人对自然为什么要加工改造呢?这问题也就是人为什么要劳动生产的问题。答案也很简单,劳动生产是为着适应人的物质生活和精神生活的需要,并且不断地日益改善和提高人的物质生活和精神生活。

一切艺术都要有一个创造主体和一个创造对象,因此,它就既要有人的条件,又要有物的条件。人的条件包括艺术家的自然资禀、人生经验和文化教养;物的条件包括社会类型、时代精神、民族特色、社会实况和问题,这些都是需要不断加工改造的对象;此外还要加上用来加工改造的工具和媒介(例如木、石、纸、帛、金属、塑料之类材料,造形艺术中的线条和颜色,音乐中的声音和乐器,文学中的语言之类媒介)。所以艺术既离不开人,也离不开物,它和美感一样,也是主客观的统一体。艺术和社会都在不断变化和改革中,经历着长期历史发展的过程。关于艺术的这些基本道理我们前此在学习马克思的《经济学—哲学手稿》和《资本论》、恩格斯的《自然辩证法》等经典著作的有关论述中已略见一斑了。

最常见的艺术门类是诗歌、音乐、舞蹈(三种在起源时是统一体),建筑、雕刻和绘画(合称“造形艺术”),戏剧、小说以及近代歌剧、哑剧和电影剧之类综合性艺术。这些艺术之间的分别和关系,自从莱辛的《拉奥孔》问世以来,一直是西方美学界研究和讨论的问题。德国美学家们一般把艺术分为“空间性的”和“时间性的”两大类。属于空间艺术的有建筑、雕刻和绘画,其功用主要是“状物”,或写静态,描绘在空间中直立和平铺并列的事物形状;所涉及的感官主要是视觉,所用的媒介主要是线条和颜色。属于时间艺术的主要有舞蹈、音乐、诗歌和一般文学,其功用主要是叙事抒情,写动态,描绘在时间上先后承续的事物发展过程,所涉及的感官较多,音乐较单纯,只涉及听觉和节奏感中筋肉运动感觉,舞蹈、诗歌和一般文学则视觉、听觉和筋肉运动感觉都起作用。时间艺术在所用的媒介方面有一个值得重视的差异,这就是其他各种艺术的媒介如声音、线条、色彩之类都是感性的,即可凭感官直接觉察到的;至于文学则用语言为媒介,而语言中的文字却只是代表观念的一种符号,本身并无意义,例如“人”这一观念,各民族用来代表它的文字符号各不相同,英文用 man,法文用 homme,德文用 Mensch,单凭这种文字符号并不能直接显出“人”的感性形象,只能显出“人”的观念或意义,所以语言这种媒介不是感性的而是观念性的,也就是说,语言要通过符号(字音和字形)间接引起对事物的观念。这个分别黑格尔在他的《美学》里也经常提到。这个分别就是使文学作为语言艺术具有独特地位的首要原因。

其次一个原因是各种艺术都要具有诗意。“诗(poetry)”这个词在西文里和“艺术(art)”一样,本义是“制造”或“创作”,所以黑格尔认为诗是最高的艺术,是一切门类的艺术的共同要素。维柯派美学家克罗齐还认为语言本身就是艺术,美学实际上就是语言学。各门艺术虽彼此有别,毕竟有基本共同点。例如莱辛虽严格区分过诗和画的界限,我国却很早就有诗画同源说。大诗人往往同时是大画家,王维就是一个著例。苏轼说过:“观摩诘之画,画中有诗;味摩诘之诗,诗中有画。”苏轼本人就同时擅长诗和画。在起源时诗歌、音乐和舞蹈本是三位一体的综合艺术,后来虽分道扬镳,仍是藕断丝连,例如在近代歌剧和电影剧乃至民间曲艺里,语言艺术都还是一个重要的组成部分。这些都足以见出文学作为语言艺术所占的独特地位。

文学的独特地位,还有一个浅而易见的原因。语言是人和人的交际工具,日常生活中谈话要靠它,交流思想感情要靠它,著书立说要靠它,新闻报道要靠它,宣传教育都要靠它。语言和劳动是人类生活的两大杠杆。任何人都不能不同语言打交道。不是每个人都会音乐、舞蹈、雕刻、绘画和演剧,但是除聋子和哑巴以外,任何人都会说话,都会运用语言。有些人话说得好些,有些人话说得差些,话说得好就会如实地达意,使听者感到舒适,发生美感,这样的说话就成了艺术。说话的艺术就是最初的文学艺术。说话的艺术在古代西方叫作“修辞术”,研究说话艺术的科学叫作“修辞学”,和诗学占有同样重要的地位。古代西方美学绝大部分是诗学和修辞学，亚理斯多德、朗吉弩斯[①]、贺拉斯[②]、但丁和文艺复兴时代无数诗论家都可以为证，专论其他艺术的美学著作是寥寥可数的。我国的情况也颇类似，历来盛行的是文论、诗论、诗话和词话，中国美学资料大部分也要从这类著作里找。我们历来对文学的范围是看得很广的，例如《论语》《道德经》《庄子》《列子》之类哲学著作，《传》《国语》《战国策》《史记》《汉书》之类史学著作，《水经注》《月令》《考工记》《本草纲目》《齐民要术》之类科学著作乃至某些游记、日记、杂记、书简之类日常小品都成了文学典范。过去对此曾有过争论，有人认为西方人把文学限为诗歌、戏剧、小说几种大类型比较科学，其实那些人根本不了解西方文学界情况，如果他们翻看一下英国的《万人丛书》或牛津《古典丛书》的目录，或是一部较好的文学史，就会知道西方人也和我们一样把文学的范围看得很广的。

文学在各门艺术中既占有这样独特地位，它的媒介既是人人都在运用的语言，而它的范围又这样广阔，这些事实对我们有什么启发呢？我们每个人都在天天运用语言，接触到丰富多彩的社会生活，思想情感时时刻刻在动荡，所以既有了文学工具，又有了文学材料，那就不必妄自菲薄，只要努一把力，就有可能成为语言艺术家或文学家。当文学家并不是任何人的专利。在文学这门艺术方面有些实践经验，认识到艺术究竟是怎么一回事，有了这个结实基础，再回头研究美学，才能认清道路，不至暗中摸索，浪

---

① 朗吉弩斯（约213—273），罗马帝国时期希腊修辞学家。其著作《论崇高》是在西方最早提出“崇高”概念的，认为崇高是“伟大心灵的回声”。

② 贺拉斯（前65—前8），古罗马诗人、批评家。主要作品有《歌集》《讽刺诗集》《诗艺》等。

费时间。

每个人都可当文学家,不要把文学看作高不可攀。不过我在上文"只要努一把力"那个先决条件上加了着重符号,"怎样努力"这个问题就来了。文学各部门包括诗歌、戏剧和小说等的创作我都没有实践经验,关于这方面可以请教中外文学名著以及有关的理论著作,我不敢进什么忠告。我想请诸位特别注意的是语文的基本功。"工欲善其事,必先利其器",语文就是文学的"器"。从我读到的青年文学家作品看,特别是从诸位向我表示决心要研究美学的许多来信看,多数人的语文基本功离理想还有些距离,用字不妥,行文不顺,生硬拖沓,空话连篇,几乎是常见的毛病。这也难怪诸位,从"四人帮"横行肆虐以来,我们都丧失了十几年的大好时光,没有按部就班地进行学习,而且学风和文风都遭到了败坏,我们耳濡目染的坏文章和坏作品也颇不少,相习成风,不以为怪。一些老作家除掉茅盾、叶圣陶、吕叔湘几位同志以外,也很少有人向我们号召要练语文基本功。我还记得 30 年代左右,夏丏尊[①]、叶圣陶和朱自清几位同志在《一般》和《中学生》两种青年刊物中曾特辟出"文章病院",把有语病的文章请进这个"病院"里加以诊断剖析。当时我初放弃文言文,学写语体文,从这个"文章病院"中几位名医的言教和身教中确实获得不少的教益,才认识到语体文也要字斟句酌,于是开始努力养成字斟句酌的习惯,现在回想到那些名医,还深心铭感。我希望热心语文教学的老师们多办些"文章病院",多做些临床实习,使患病的恢复健康,未患病的知道预防。

---

① 夏丏(miǎn)尊(1886—1946),中国作家、出版家。曾任开明书店总编辑、编辑所长。著有散文集《平屋杂文》,译有《爱的教育》等,有《夏丏尊文集》行世。

我国有句老话："熟读唐诗三百首，不会吟诗也会吟。"过去我国学习诗文的人大半都从精选精读一些模范作品入手，用的是"集中全力打歼灭战"的办法，把数量不多的好诗文熟读成诵，反复吟咏，仔细揣摩，不但要懂透每字每句的确切意义，还要推敲出全篇的气势脉络和声音节奏，使它沉浸到自己的心胸和筋肉里，等到自己动笔行文时，于无意中支配着自己的思路和气势。这就要高声朗诵，只浏览默读不行。这是学文言文的长久传统，过去是行之有效的。现在学语体文是否还可以照办呢？从话剧和曲艺演员惯用的训练方法来看，道理还是一样的。我在外国大学学习语文时，看到外国同学乃至作家们也有下这种苦练功夫的。我还记得英国诗人哈罗德·蒙罗在世时在大英博物馆附近开了一个专卖诗歌书籍的小书店，每周定期开朗诵会，请诗人们朗诵自己的作品，我在那里曾听过叶芝、艾略特、厄丁通等诗人的朗诵，深受教益，觉得朗诵会是好办法。30 年代《文学杂志》社中一些朋友也在我的寓所里定期办过朗诵会，到抗战才结束。朗读的不只是诗，也有散文，吸引了当时北京的一些青年作家，对他们也起了一些"以文会友"的观摩作用。现在广播电台里也有时举行这种朗诵会，颇受听众的欢迎。这种办法还值得推广，小型的文学团体也可以分途举办，它不但可提高文学的兴趣，也有助于语言的基本功。

语言基本功有多种多样的渠道，多注意一般人民大众的活的语言是一种，这是主要的；熟读一些文言的诗文也是一种，这两方面可说的甚多，现在不能详谈。"到处留心皆学问"，这就要靠各种人自己去探索了。"勤学苦练"总是要连在一起的，勤学重要，苦练则更重要。苦练就要勤写。为了谈一点写作练习，我特意把延安整风文件重温了一遍，特别是《反对党八股》那一篇。毛泽东同志对党八股的八大罪状申诉得极中肯，可谓“慨乎言之”。近三十多年来全国人民对这篇经典著作都在学习而又学习，获益当然不浅，可是就当前文风的实际情况来看，“党八股”似未彻底清除，可见端正文风真不是一件易事。目前每个练习写作的青少年在冲破禁区、解放思想方面还要痛下决心，“做老实人，说老实话”，努力开辟自己的道路，千万不要再做风派人物，“人云亦云”。希望就只有寄托在新起的一代人身上了，所以诸位对文艺方面的移风易俗负有重大责任。我祝愿有勇气担起这副重大责任的人越来越多，替我们的文艺迎来一个光明的前途！

毛泽东同志在《反对党八股》里还引了鲁迅复“北斗杂志社”一封信里所举的八条写文章的规则之中的三条，对青年作家是对症下药的，值得每个青年作家悬为座右铭：

> 第一条：留心各样的事情，多看看，不看到一点就写。
>
> 第二条：写不出的时候不硬写。
>
> 第四条：写完后至少看两遍，竭力将可有可无的字、句、段删去，毫不可惜。宁可将可作小说的材料缩成速写，决不将速写材料拉成小说。

这三条都是作家的金科玉律，对于青年作家来说，第四条特别切合实际，要多作短小精悍的速写，不要一来就写长篇大作。我因此联想起德国青年爱克曼不畏长途跋涉，走向歌德求教，初到不久，歌德就谆谆教导他“不要写大部头作品”，说许多作家包括他自己在内都在“贪图写大部头作品上吃过苦头”，接着他就说出现由：

> 现实生活应该有表现的权利。诗人由日常现实生活触动起来的思想情感都要求表现，而且也应该得到表现。可是如果你脑子里老在想着写一部大部头的作品，此外一切都得靠边站，一切思虑都得推开，这样就要丧失掉生活本身的乐趣。……结果所获得的也不过是困倦和精力的瘫痪。反之，如果作者每天都抓住现实生活，经常以新鲜的心情来处理眼前事物，他就总可以写出一点好作品，即使偶尔不成功，也不会有多大损失。（爱克曼《歌德谈话录》）

歌德的这番话劝青年作家多就日常现实生活作短篇速写，和鲁迅的教导是不谋而合的。这是一种走向现实主义文艺道路的训练。特别是在现代繁忙生活中，每个人的时间都很宝贵，不容易抽出工夫去读“将速写拉成小说”的作品。速写不拉成小说，就要写得简练。我个人生平爱读的一部书是《世说新语》，语言既简练而意味又隽永，是典型的速写作品。刚才引的爱克曼的《歌德谈话录》也正是速写，可见速写也可以写出传世杰作，千万不要小看它。速写最大的方便在于无须费大力去搜寻题材，只要你听从鲁迅的第一条“留心各样的事情，多看看”的教导，速写的材料在日常生活中就俯拾即是，记一次郊游，替熟悉的朋友画个像，记看一次电影的感想，记一次学习会，对当天报纸新闻发一点小议论，给不在面前的爱人写封情书，或是替身边的小朋友编个小童话，讲个小故事，不都行吧？如果你相信我，说到就做到，马上就开始练习速写吧！练习到三五年，你不愁不能写出文学作品，也不愁一些美学问题得不到解决。

十　浪漫主义和现实主义

朋友们：

浪漫主义和现实主义是一个极难谈而又不能不谈的问题。难谈，因为这两个词都是在近代西方才流行，而西方文艺史家对谁是浪漫主义派谁是现实主义派并没有一致的意见。例如斯汤达[①]和巴尔扎克都是公认的现实主义大师，而朗生[②]在他的著名的《法国文学史》里，却把他们归到“浪漫主义小说”章，丹麦文学史家勃兰兑斯[③]在他的名著《十九世纪欧洲文学主潮》[④]里也把这两位现实主义大师归到“法国浪漫派”。再如福楼拜还公开反对过人们把他尊为现实主义的主教：

> 大家都同意称为“现实主义”的一切东西都和我毫不相干，尽管他们要把我看作一个现实主义的主教。……自然主义者所追求的一切都是我所鄙弃的。……我所到处寻求的只是美。

值得注意的是福楼拜和一般法国人当时都把现实主义和自

---

① 现一般译为司汤达(1783—1842)，法国作家。法国现实主义文学的主要代表。代表作有《阿尔芒斯》《红与黑》等。

② 现一般译为朗松(1857—1934)，法国文学史家、文学评论家。代表作有《法国文学史》《伏尔泰》《布瓦洛》等。

③ 勃兰兑斯(1842—1927)，丹麦文学评论家、文学史家。主要著作《十九世纪文学主潮》6卷，论述欧洲浪漫主义文学，对西方文学批评颇有影响。

④ 即《十九世纪文学主潮》。

然主义看作一回事。以左拉为首的法国自然主义派也自认为是现实主义派。朗生在《法国文学史》里也把福楼拜归到“自然主义”卷里。我还想不起19世纪有哪一位大作家把“浪漫主义”或“现实主义”的标签贴在自己身上。

这问题难谈,还有涉及更实质性的一面,就是没有哪一位真正伟大的作家是百分之百的浪漫主义者或百分之百的现实主义者,实在很难在他们身上贴个名副其实的标签。关于这一点,高尔基在《谈谈我怎样学习写作》里说得最好:

> 在谈到像巴尔扎克、屠格涅夫、托尔斯泰、果戈理……这些古典作家时,我们就很难完全正确地说出——他们到底是浪漫主义者,还是现实主义者。在伟大的艺术家们身上,现实主义和浪漫主义好像永远是结合在一起的。

姑举莎士比亚和歌德这两位人所熟知的大诗人为例。莎士比亚是近代浪漫运动的一个很大的推动力,过去文学史家们常把他的戏剧看作和“古典型戏剧”相对立的“浪漫型戏剧”,而近来文学史家们却把莎士比亚尊为“伟大的现实主义者”。究竟谁是谁非呢?两说合起来看都对,分开来孤立地看,就都不对。可是我们的文学史家和批评家们在苏联的影响之下,往往把现实主义和浪漫主义割裂开来,随意在一些伟大的作家身上贴上片面的标签。而且由于客观主义在我们中间有较广泛的市场,现实主义又错误地和客观主义混淆起来,因而就比主观色彩较浓的浪漫主义享有较高的荣誉。只要是个大作家,哪怕浪漫主义色彩很浓的诗人,例如拜伦、雪莱和普希金,都成了只是现实主义者,他们的浪漫主义的一面就硬被抹杀掉了。这是对历史事实的歪曲,在读者中容易滋生误解。所以这个难题还不能不谈。

浪漫主义和现实主义的区分,作为文艺流派和作为创作方法,是应该分别清楚的。作为创作方法,它适用于各个时代和各个民族;作为文艺流派,它只限于18世纪末到19世纪末的一个短暂的时间。过去西方常谈的是古典主义和浪漫主义,很少谈浪漫主义和现实主义,歌德就是一个著例。他在1830年3月21日这样说过:

> 古典诗和浪漫诗的概念现已传遍全世界,引起许多争执和分歧。这个概念起源于席勒和我两人。我主张诗应采取从客观世界出发的原则,认为只有这种创作方法才可取。但是席勒却用完全主观的方法去写作,认为只有他那种创作方法才是正确的。为了针对我来为他自己辩护,席勒写了一篇论文,题为《论素朴的诗和感伤的诗》。他想向我证明:我违反了自己的意志,实在是浪漫的,说我的《伊菲格涅亚》由于情感占优势,并不是古典的或符合古代精神的,如某些人所相信的那样。施莱格尔弟兄抓住这个看法把它加以发挥,因此它就在世界传遍了,目前人人都在谈古典主义和浪漫主义,这是五十年前没有人想得到的区别。(《歌德谈话录》)

这是涉及本题的最早的也是最重要的文献。歌德本人是标榜古典主义者,而依他的说明,古典主义“从客观世界出发”,所以就是现实主义。席勒“完全用主观的方法”创作,所以是走浪漫主义道路的。

歌德所谈到的席勒的长篇论文对本题也特别重要。席勒从人与自然的关系来区别古典诗（即素朴的诗）与浪漫诗（即感伤诗）。他认为在希腊古典时代，人与自然一体，共处相安，人只消把自然加以人化或神化，就产生素朴的诗；近代人已与自然分裂，眷念人类童年（即古代）的素朴状态，就想“回到自然”，已去者不可复返，于是心情怅惘，就产生感伤的诗。素朴诗人所反映的是直接现实，感伤诗人却表现由现实提升上去的理想。依席勒看，古典主义和浪漫主义的对立就是现实主义与理想主义的对立。古典主义就是现实主义，这是他和歌德一致的；现实主义就是理想主义，这却是他的独特的看法。值得特别注意的是席勒在这篇论文里第一次在文艺上用了“现实主义”这个词（过去只用于哲学）。

无论是歌德还是席勒，都把浪漫主义和古典主义（实即现实主义）当作文艺创作方法来看，还没有把它们当作文艺流派来看，因为当时流派还没有正式形成。从历史发展看，浪漫运动起来较早，是西方资产阶级上升时期个人自由和自我扩张的思想的反映，是政治上对封建领主和基督教会联合统治的反抗，文艺上对法国新古典主义的反抗。这次反抗运动是由法国启蒙运动掀起的，继起的法国大革命又对它增加了巨大的推动力，德国唯心主义哲学对它也起了很大的影响。德国古典哲学（包括美学）本身就是思想领域的浪漫运动。单就美学来说，康德、黑格尔和席勒等人对崇高、悲剧性、天才、自由和个性特征的研究，特别是把文艺放在历史发展的大轮廓里去看的初步尝试，都起了解放思想的作用，提高了人的尊严，深化了人们对于文艺的理解和敏感。由于德国古典哲学是唯心的，把精神和物质的关系首尾倒置，而且把主观能动性摆在不恰当的高度，放纵情感，驰骋幻想，到了漫无约束的程度，产生了施莱格尔所吹嘘的“浪漫式的滑稽态度”，把世间一切看作诗人凭幻想任意摆弄的玩具。

浪漫主义又可分积极的和消极的两派。这个分别是首先由高尔基在《谈谈我怎样学习写作》里指出的：

> 在浪漫主义里面，我们也必须分别清楚两个极端不同的倾向：一个是消极的浪漫主义，——它或则是粉饰现实，想使人和现实妥协；或则是使人逃避现实，堕入自己内心世界的无益的深渊中去，堕入“人生命运之谜”，爱与死等思想里去。……[另一个是]积极的浪漫主义，则企图加强人的生活意志，唤起人心中对现实及其一切压迫的反抗心。

从此可见，这两种倾向的差别主要是人生观和政治立场的差别，有它的阶级内容。这当然是正确的，资产阶级文学史家们一般蔑视这种分别，是为着要掩盖社会矛盾，为现存制度服务。不过这个分别也不宜加以绝对化，积极的浪漫主义派往往也有消极的一面，消极的浪漫派往往也有积极的一面，应就具体情况做具体分析。例如在英国多数人眼中，在华兹华斯[①]、雪莱和拜伦这三位浪漫派诗人之中，华兹华斯的地位最高，其次才是雪莱和拜伦，可是由于我们的文学史家们把雪莱和拜伦摆在积极的浪漫主义派，甚至摆在现实主义派，把华兹华斯摆在消极的浪漫主义派，甚至一棍子打死，根本不提，这不见得是公允的，或符合马克思主

---

① 华兹华斯(1770—1850)，英国诗人，湖畔派代表。1843 年被封为桂冠诗人。代表作有长诗《序曲》，组诗《不朽颂》《露西》，抒情诗《孤独的收割人》，等等。

义的。

现实主义作为流派，单就起源来说，在西方比浪漫运动较迟，它反映资本主义社会弊病日益显露，资产阶级的幻想开始破灭。科学随工商业的发达所带来的唯物主义和实证主义对它也起了作用。它本身是对于浪漫运动的一种反抗。它不像浪漫运动开始时那样大吹大擂，而是静悄悄地登上历史舞台的，就连现实主义(realism)的称号比起现实主义流派的实际存在还更晚。上文提到的席勒初次使用的"现实主义"指希腊古典主义，与近代现实主义流派不是一回事。作为流派而得到"现实主义"这个称号是在1850年，一位并不出名的法国小说家向佛洛里(Chamflaury)，和法国画家库尔柏[①](Courbet)和多弥耶[②](Daumier)等人办了一个以*Réalisme*(《现实主义》)为名的刊物。他们倒提出了一个口号："不美化现实"，显然受到荷兰画家冉伯伦[③]等人(惯画平凡的甚至丑陋的老汉、村妇或顽童)的画风的影响。当时不但浪漫运动已过去，就连现实主义的一些西欧大师也已完成了他们的杰作，不可能受到这个只办了六期的"现实主义"刊物的影响。

对现实主义文艺提供理论基础的有两种著作值得一提。一种是斯汤达尔的论文《拉辛和莎士比亚》，这部著作被某些文学史家称为"现实主义作家宣言"，其实它的主旨是攻击新古典主义代表拉辛而推尊"浪漫型戏剧"开山祖莎士比亚的。他的名著《红

---

① 现一般译为库尔贝(1819—1877)，法国画家，主张以生活真实为创作依据，是当时法国进步画家的领袖。

② 现一般译为杜米埃(1808—1879)，法国画家，讽刺漫画家、雕塑家和版画家。是当时最多产的艺术家，也是法国19世纪最伟大的现实主义讽刺画大师。

③ 现译为伦勃朗(1606—1669)，荷兰画家。欧洲17世纪最伟大的画家之一，也荷兰历史上最伟大的画家。

与黑》的浪漫主义色彩也还很浓。另一种是实证主义派泰纳[1]的《艺术哲学》。泰纳是用心理学和社会学来研究美学的一位先驱，代表作是《论智力》，已为《艺术哲学》打下基础。他的基本观点是文艺的决定因素不外种族、环境（即他所谓“社会圈子”）和时机三种。他还认为文艺要表现人类长久不变的本质特征，而人性中对社会最有益的特征是孔德[2]所宣扬的爱。不过泰纳的主要著作都在19世纪后半期才出版，他不能看作现实主义者预定的纲领。

法国人向来把现实主义叫作“自然主义”。不过法国以外的文学史家们一般却把现实主义和自然主义严格分开，而且“自然主义”多少已成为一个贬词，成为现实主义的尾巴或庸俗化。它在法国的开山祖的主要代表是左拉[3]，他把实证科学过分机械地搬到小说创作里去。他很崇拜贝尔纳的《实验医学研究》，于是就企图运用这位医师的方法来建立所谓“实验小说”。他说：

> 在每一点上我都要把贝尔纳做靠山。我一般只消把“小说家”这个名称来代替“医生”这个名称，以便把我的思想表达清楚，使它具有科学真理的精确性。（《实验小说》法文版）

---

① 泰纳（1828—1893），亦译“丹纳”，法国文艺理论家、史学家。孔德实证主义哲学的继承人之一。

② 孔德（1798—1857），法国哲学家、社会学和实证主义的创始人。著作有《实证哲学教程》《实证政治体系》等。

③ 左拉（1840—1902），法国作家，法国自然主义小说家和理论家，自然主义文学流派创始人与领袖。代表作有《小酒店》《萌芽》《娜娜》等。

这里所说的“科学真理的精确性”，实际上指自然现象细节的真实性，而不要求抓住客观事物的本质。左拉在他的《卢贡家族的家运》里对一个家族及其所住的小镇市做了一百几十页的烦琐描述，可以为证。自然现象细节的真实性并不等于客观事物的本质和典型化。真正的现实主义所要求的是从具体客观事物出发，去伪存真，去粗取精，对客观事物加以典型化或理想化，显出客观事物的本质和规律，而自然主义虽然也从具体客观事物出发，却满足于依样画葫芦，特别侧重浮面现象的细节。这是现实主义和自然主义的基本分歧。

谈到现实主义，还要说明一下文学史家们所惯用的一个名词——“批判现实主义”。首创这个名词的是高尔基。他在一次和青年作家的谈话中，把近代现实主义作家称为资产阶级的“浪子”，指出他们用的是批判现实主义，其特点是：

> ……除了揭发社会恶习，描写家族传统、宗教教条和法规压制下的个人的生活和冒险外，它不能给人指出一条出路，它很容易地安于现状。

这是不是说批判现实主义是现实主义流派中一个支派呢？恐怕不能这样看。18、19世纪的现实主义大师们一般都是“资产阶级浪子”，都起了“揭发社会恶习”的作用，却也都没有“指出一条出路”！高尔基正是在肯定他们的功绩时，指出了他们的缺陷。

从上文所谈的可以看出：现实主义和浪漫主义作为流派与作为创作方法虽有联系，却仍应区别开来。作为流派，它在西方限于18世纪末期到19世纪末期，不过有一百年左右的历史。这是特定社会民族在特定时期的历史产物，我们不应把这种作为某一民族、某一时期流派的差别加以普遍化，把它生硬地套到其他时代的其他民族的文艺上去。可是在我们的文学史家们之中，这种硬套办法还很流行，说某某作家是浪漫主义派，某某作家是现实主义派。作为创作方法，任何民族在任何时期都可以有侧重现实主义与侧重浪漫主义之分。像歌德和席勒等人早就说过的，现实主义从客观现实世界出发，抓住其中本质特征，加以典型化；浪漫主义侧重从主观内心世界出发，情感和幻想较占优势。这两种创作方法的基本区别倒是普遍存在的。亚理斯多德在《诗学》第二十五章就已指出三种不同的创作方法：

> 像画家和其他形象创造者一样，诗人既然是一种摹仿者，他就必然在三种方式中选择一种去摹仿事物：按照事物本来的样子去摹仿，按照事物为人所说所想的样子去摹仿，或是照事物应当有的样子去摹仿。

这三种之中第二种专指神话传说的创作方法，暂且不谈，第一种“按照事物本来的样子去摹仿”便是现实主义，第三种“照事物应当有的样子去摹仿”，从前一般叫作“理想主义”，也可以说就是浪漫主义，因为“理想”仍是人们主观方面的因素。

不过过去人们虽早已看出这种分别，却没有在这上面大做文章。等到18、19世纪作为流派的浪漫主义和现实主义各树一帜，互相争执，于是原先只是自在的分别便变成自觉的分别了。文艺史家和批评家抓住这个分别来检查过去文艺作品，也就把它们分派到两个对立的阵营中去了。例如有人说在荷马的两部史诗之中,《伊利亚特》是现实主义的,而《奥德赛》却是“浪漫主义”的,并且有人因此断定《奥德赛》的作者不是荷马而是一位女诗人,大概是因为女子较富于浪漫气息吧?

我个人仍认为两种创作方法虽然是客观存在,却不宜过分渲染,使旗帜那样鲜明对立。我还是从主客观统一的观点来看待这个问题。诗是反映客观事物的,而反映客观事物却要通过进行创作的诗人,这里有人有物,有主体,有客体,缺一不行。这问题的正确答案还是所引过的高尔基的那段话,不妨重复一下其中关键性的一句:

在伟大的艺术家们身上,现实主义和浪漫主义时常好像是结合在一起的。

高尔基曾指责批判现实主义“不能给人指出一条出路”,出路何在?当然在革命。所以在我们的社会主义时代,我还是坚信毛泽东同志的“革命的现实主义与革命的浪漫主义相结合”的主张。是否随苏联提“社会主义现实主义”较好呢?我还没有想通,一、为什么单提现实主义而不提浪漫主义呢?二、如果涉及过去文艺史,是否也应在“现实主义”之上安一个“奴隶社会”“封建社会”或“资本主义”的帽子呢?对这个问题我才开始研究,还不敢下结论。这也是一个重要问题,请诸位也分途研究一下。

十一　典型环境中的典型人物

朋友们:

前信略谈了各门艺术的差别和关系以及文学作为语言艺术的独特地位,在这个基础上就可接着谈文学创作中"典型环境中的典型人物"这个重要问题了。

艺术创作的功用不外是抒情、状物、叙事和说理四大项。各门艺术在这四方面各有特点,例如音乐和抒情诗歌特长于抒情,雕刻和绘画特长于状物,史诗、戏剧和小说特长于叙事,一般散文作品和文艺科学论著特长于说理。说理文做得好也可以成为文学典范,例如柏拉图的《对话集》、庄周的《庄子》、莱布尼兹[①]的《原子论》和达尔文的《物种起源》。总的来说,文学对上述四大方面都能胜任愉快,而特长在叙事,"典型环境中的典型人物"也主要涉及叙事。事就是行动,即有发展过程的情节。行动的主角就是亚理斯多德所说的"在行动中的人",即人物。人物性格(character)这个词在西文中所指的实即中国戏剧术语的"角色"。character 的派生词 characterestic 是"特征"。在近代文艺理论中"特征"也带有"典型"的意思。典型(希腊文 tupo,英文 type)的原义是铸物的模子,同一模型可以铸造出无数的铸件。这个词在希腊文与 Idee 为同义词,Idee 的原义为印象或观念,引申为 ideal

---

① 现一般译为莱布尼茨(1646—1716),德国自然科学家、数学家、哲学家,历史上少见的通才,被誉为 17 世纪的亚里士多德。莱布尼茨在政治学、法学、伦理学、神学、哲学、历史学、语言学诸多方面都留下了著作。

即理想，因此在西文中过去常以“理想”来代替“典型”，在近代，“理想”和“典型”也有时互换使用。“环境”指行动发生的具体场合，即客观现实世界，包括社会类型、民族特色、阶级力量对比、文化传统和时代精神，总之，就是历史发展的现状和趋势。这些词有时引起误解，所以略加说明。

亚理斯多德在《诗学》第九章里曾对艺术典型做了很好的说明，到近代，西方文艺理论家们才逐渐理解它的很深刻的意义。其文如下：

> 诗人的职责不在描述已发生的事，而在描述可能发生的事，即按照可然律和必然律是可能的事。……因此，诗比历史是更哲学的，更严肃的，因为诗所说的大半带有普遍性，而历史所说的则是个别的事。所谓普遍性是指某一类型的人，按照可然律或必然律，在某种场合会做些什么事，说些什么话，诗的目的就在此，尽管它在所写的人物上安上姓名。

由此可见，亚理斯多德强调艺术典型须显出事物的本质和规律，不是于事已然，而是于理当然；于事已然都是个别的，于理当然就具有普遍性，所以说诗比历史更是哲学的，更严肃的，也就是具有更高度的真实性。不过诗所写的还是个别人物，即“安上姓名的”人物。在个别人物事迹中见出必然性与普遍性，这就是一般与特殊的统一，正是艺术典型的最精确的意义。

毛泽东同志《在延安文艺座谈会上的讲话》里对艺术典型也说得极透辟：

> 人类的社会生活虽是文学艺术的唯一源泉，虽是较之后者有不可比拟的生动丰富的内容，但是人民还是不满足于前者而要求后者。这是为什么呢？因为虽然两者都是美，但是文艺作品中反映出来的生活却可以而且应该比普通的实际生活更高，更强烈，更有集中性，更典型，更理想，因此就更带普遍险。革命的文艺，应当根据实际生活创造出各种各样的人物来，帮助群众推动历史的前进。(《毛泽东选集》第三卷)

这在强调文艺比实际生活更高等方面，与亚理斯多德的话不谋而合，但在新的形势下毛泽东同志特别点出革命的文艺“帮助群众推动历史前进”的教育作用。

在西方，亚理斯多德的《诗学》长期没有发生影响，而长期发生影响的是罗马文艺理论家贺拉斯的《诗艺》。这位拉丁古典主义代表把典型狭窄化为“类型”和“定型”。亚理斯多德所强调的普遍性不是根据统计平均数而是符合事物的本质和规律，贺拉斯的“类型”则论量不论质，普遍性不是合理性而是代表性，具有类型的人物就是他那一类人物的代表。贺拉斯在《诗艺》里劝告诗人说：“如果你想听众屏息静听到终场，鼓掌叫好，你就必根据每个年龄的特征，把随着年龄变化的性格写得妥帖得体，……不要把老年人写成青年人，把小孩写成成年人。”可见类型便是同类人物的常态，免不了公式化、概念化，既不顾具体环境，也不顾人物的个性。

类型之外，贺拉斯还提出“定型”。他号召诗人最好借用古人在神话传说或文艺作品中已经用过的题材和人物性格，古人把一个人物性格写成什么样,后人借用这个人物性格,也还应写成那样,例如荷马把阿喀琉斯写成"暴躁、残忍和凶猛的人物",你借用这个古代英雄,也就得把他写成像荷马所写的那样。这种"定型"正是中国旧戏所常用的,例如写曹操或诸葛亮,你就得根据《三国演义》,写宋江或鲁智深,你就得根据《水浒》,写林黛玉或尤三姐,你就得根据《红楼梦》。

贺拉斯之后,西方文艺理论发生影响最大的是17世纪法国新古典主义代表布瓦洛[①],他也写过一本《诗艺》[②],也跟着贺拉斯宣扬类型和定型。这种使典型庸俗化和固定化的类型为一般而牺牲特殊,为传统而牺牲现实,当然不合我们近代人的口味,但是在过去却长期受到欣赏。理由大概有两种,一种是过去统治阶级(特别是封建领主)为了长保政权,要求一切都规范化和稳定化,类型便是文艺上的规范化,定型便是文艺上的稳定化。也是为了这种政治原因,过去在文艺上登上舞台的主角一般就是在政治上登上舞台的领导人物,他们总是被美化成威风凛凛不可一世的英雄,至于平民一般只能当喜剧中的丑角乃至"跑龙套的",在正剧中至多也只当个配角。类型和定型盛行的另一个理由是被统治阶级的文化就是统治阶级的文化,一般倾向保守。所以一般听众对自己所熟知的人物和故事比对自己还很生疏的题材和音调还更喜闻乐见。就连我们自己也至今还爱听《三国演义》《封神榜》和《水浒》之类旧小说中的故事和取材于它们的戏剧和曲艺。

话虽如此说,自从近代资产阶级登上历史舞台以来,艺术典

---

① 布瓦洛(1636—1711),法国诗人、古典主义文学理论家。著有《讽刺诗集》《诗简集》等。

② 又译为《诗的艺术》。

型观也确实起了两个重大的转变。(一)在一般与特殊(共性与个性)的对立关系上,重点由共性转向个性,终于达到共性与个性的统一。解放个性原是新兴资产阶级的一个理想。(二)在人物行动的动因方面,艺术典型由蔑视或轻视环境转向重视环境,甚至比人物性格还看得更重要。从前只讲人物性格,现在却讲"典型环境中的典型人物"。这主要由于近代社会政局的激变与自然科学和社会科学的发展而造成的。在美学中这两大转变由德国古典哲学特别是黑格尔哲学开其端,由马克思主义创始人在批判黑格尔的基础上集其大成。现在分述如下:

艺术典型作为共性与个性的统一体所涉及的首要问题是在创作过程中究竟先从哪一方面出发,是从共性还是从个性?这也就是从公式、概念出发还是从具体现实人物事迹出发?首先提出这个问题的是德国诗人歌德。他在1824年的《关于艺术的格言和感想》中有一段著名的语录:

> 诗人究竟为一般而找特殊,还是在特殊中显出一般,这中间有很大的分别。由前一种程序产生出寓意诗,其中特殊只作为一个例证才有价值。后一种程序才适合诗的本质,它表现出一种特殊,并不想到或明指出一般,谁如果生动地掌握住这特殊,他就会同时获得一般而当时却意识不到,或是事后才意识到。

这个提法很好地解决了形象思维与文艺思想性的关系问题,是一个现实主义的提法,在当时美学界产生了广泛的影响。

黑格尔受歌德的影响就很深,在他的《美学》里多次提到歌德的这类思想。但是他的“理念的感性显现”那个著名的美的定义（亦即艺术典型的定义）显然还是从概念出发，带有客观唯心主义的烙印。不过他比歌德毕竟前进了一步，他认识到歌德还没有认识到或没有充分强调过的典型人物性格与典型环境的统一，而典型环境起着决定典型人物性格的作用。“环境”在黑格尔的词汇中叫作“情境（situation）”，是由当时“世界情况（welt zustand）”决定的。世界情况包括他有时称之为“神”的“普遍力量”，即某特定时代的伦理、宗教、法律等方面的人生理想，例如恋爱、名誉、光荣、英雄气质、友谊、亲子爱之类所凝成的“情致”。这些情致各有片面性，在特定情境中会导致冲突斗争（例如忠孝不能两全的情境）。在这种情境中当事人须在行动上决定何去何从，这时才可以显出他的性格，才“揭露出他究竟是什么样的人”“人格的伟大和刚强的程度只有借矛盾对立的伟大和刚强的程度才能衡量出来”。他这样运用辩证发展的观点来说明人物性格的形成，是颇富于启发性的。他的著名的悲剧学说就是根据这种辩证观点提出来的。

黑格尔虽从“理念”出发，却仍把重点放在“感性显现”上，体现理想的人仍必须是一个活生生的有血有肉的人，他说得很明确：

> 每个人都是一个整体，本身就是一个世界，每个人都是一个完满的有生气的人，而不是某种孤立的性格特征的寓言式的抽象品。（《美学》第一卷）

在这一点上他毕竟仍和歌德一致，他在《美学》中对一些人性格的分析也显出了这一点。

马克思主义创始人就是在批判继承黑格尔的美学体系中形成他们的艺术典型观的。恩格斯在致敏·考茨基的信里谈她的《旧人与新人》时说：

> ……每个人都是典型，但同时又是一定的个人。正如黑格尔老人所说的，是"一个这个(Ein dieser)"，而且应当是如此。(《马克思恩格斯选集》第四卷)

不少的读者(包括过去的我自己)感到"一个这个"很费解。其实这个出自《精神现象学》的词组原指"一个这样的具体感性事物"，在这里就指"一个这样的具体人物"，亦即上文"一定的个人"，仍须和上文"每个人都是典型"句联系在一起来看，仍是强调典型与个性的统一。恩格斯在下文批评《旧人与新人》的缺点说，"爱莎过于理想化""在阿尔诺德身上，个性就更多地消融到原则里去了"，就是说概念淹没了个性，还不够典型。从此可以体会出上引一段话与其说是称赞《旧人与新人》，倒不如说是陈述他自己的艺术典型观，特别是因为他引了黑格尔的话之后加上了"而且应当如此"。

已成成语的"典型环境中的典型人物"是由恩格斯在《致玛·哈克奈斯的信》中首次提出的：

> 据我看来，现实主义的意思是，除细节的真实外，还要真实地再现典型环境中的典型人物。(《马克思恩格斯选集》第四卷)

恩格斯认为《城市姑娘》还不完全是现实主义的，因为作者对其中人物在消极被动方面的描绘，虽说是够典型的，“但是环绕着这些人物并促使他们行动的环境也许就不是那样典型了”。故事情节发生在1887年左右，当时工人运动已在蓬勃发展，而《城市姑娘》却把当时工人阶级描写成消极被动的一群，等待“来自上面”的恩施，这就不符合历史发展的真实情况，也就是说，环境不够典型。环境既是“环绕着书中人物而促使他们行动的”，环境既不是典型的，人物也就不可能是典型的了。恩格斯与人为善，话往往说得很委婉，在肯定她的人物够典型之前加上一句“在他们的限度之内”（So far as they go，信原是用英文写的），也就是说“像你所设想的他们那样消极被动”。这封信值得特别注意的是恩格斯把“真实地再现典型环境中的典型人物”看作现实主义的主要因素。典型既然这样与现实主义联系起来，双方都因此获得一个新的更明确的含义，就是符合历史发展的真实情况。马克思和恩格斯都推尊巴尔扎克的《人间喜剧》，也正因为它真实地反映了1816—1848年的历史发展中一些典型环境中的典型人物。

最能说明典型须符合历史发展真实情况的是马克思和恩格斯分别答复拉萨尔的两封信。他们不约而同地都指责拉萨尔所谓“革命悲剧”《佛朗茨·封·济金根》里把一个已没落而仍力图维护特权的封建骑士，写成一个要求宗教自由和民族统一的新兴资产阶级代言人，向罗马教廷和封建领主进行斗争。拉萨尔没有看到当时革命势力是闵泽尔[①]所领导的农民和城市平民。他这个机会主义者竟歪曲了当时历史发展的情况和趋势。更荒谬的是

① 现一般译为闵采尔（约1490—1525），德国农民战争领袖，宗教改革家。

他把17世纪的德国封建骑士的内讧的失败说成“革命悲剧”，而且认为后来的法国革命和1848年的欧洲各国革命的失败也都是复演那次骑士内讧的悲剧，并预言将来的革命也会复演那次悲剧，理由是革命者“目的无限而手段有限”，不得不要“外交手腕”进行欺骗。这就不但根本否定了革命，也否定了历史发展和典型环境中的典型人物。他甚至扬言农民起义比起骑士内讧还更反动。马克思看出他不可救药，便不再回他的信，于是轰动一时的“济金根论战”便告结束。

从上引几封信看，马克思主义创始人都把典型环境看作决定人物性格的因素，而典型环境的内容首先是当时阶级力量的对比。他们的态度始终是朝前看的，他们的同情始终是寄托在前进的革命的一方。他们赋予典型环境中的典型人物性格以一种崭新的意义：典型环境是革命形势中的环境，典型人物也是站在革命方面的人物。我们研究剧本和小说，如果经常根据马克思主义的典型观，对环境和人物性格都进行认真的分析，对文学作品和美学理论的理解就会比较深透些，今后不妨多在这方面下功夫。

十二　审美范畴中的悲剧性和喜剧性

朋友们：

诸位来信有问到审美范畴的。范畴就是种类。审美范畴往往是成双对立而又可以混合或互转的。例如与美对立的有丑，丑虽不是美，却仍是一个审美范畴。讨论美时往往要联系到丑或不美，例如马克思在《经济学—哲学手稿》里就提到劳动者创造美而自己却变成丑陋畸形。特别在近代美学中丑转化为美已日益成为一个重要问题。丑与美不但可以互转，而且可以由反衬而使美者愈美，丑者愈丑。我们在第二封信里就已举例约略谈到丑转化为美以及肉体丑可以增加灵魂美的问题。这还涉及自然美和艺术美的差别和关系的问题。对这类问题深入探讨，可以加深对辩证唯物主义的理解。

美与丑之外，对立而可混合或互转的还有崇高和秀美以及悲剧性与喜剧性两对审美范畴。既然叫作审美范畴，也就要隶属于美与丑这两个总的范畴之下。崇高（亦可叫作“雄伟”）与秀美的对立类似中国文论中的“阳刚”与“阴柔”。我在旧著《文艺心理学》第十五章里曾就此详细讨论过。例如狂风暴雨、峭岩悬瀑、老鹰古松之类自然景物以及莎士比亚的《李尔王》、米开朗琪罗的雕刻和绘画、贝多芬的《第九交响曲》、屈原的《离骚》、庄子的《逍遥游》和司马迁的《项羽本纪》、阮籍的《咏怀》、李白的《古风》一类文艺作品，都令人起崇高或雄伟之感。春风微雨、娇莺嫩柳、小溪曲涧荷塘之类自然景物和赵孟頫的字画、《花间集》、《红楼梦》里的林黛玉、《春江花月夜》乐曲之类文艺作品都令人起秀美之感。崇高的对象以巨大的体积或雄伟的精神气魄突然向我们压来，我们首先感到的是势不可挡，因而惊惧，紧接着这种自卑感就激起自尊感，要把自己提到雄伟对象的高度而鼓舞振奋，感到愉快。所以崇高感有一个由不愉快而转化到高度愉快的过程。一个人多受崇高事物的鼓舞可以消除鄙俗气，在人格上有所提高。至于秀美感则是对娇弱对象的同情和宠爱，自始至终是愉快的。刚柔相济，是人生应有的节奏。崇高固可贵，秀美也不可少。这两个审美范畴说明美感的复杂性，可以随人而异，也可以随对象而异。

至于悲剧和喜剧这一对范畴在西方美学思想发展中一向就占据特别重要的地位，这方面的论著比任何其他审美范畴的都较多。我在旧著《文艺心理学》第十六章"悲剧的喜感"里和第十七章"笑与喜剧"里已扼要介绍过，在新著《西方美学史》里也随时有所陈述，现在不必详谈。悲剧和喜剧都属于戏剧，在分谈悲剧与喜剧之前，应先谈一下戏剧总类的性质。戏剧是对人物动作情节的直接摹仿，不是只当作故事来叙述，而是用活人为媒介，当着观众直接扮演出来，所以它是一种最生动鲜明的艺术，也是一种和观众打成一片的艺术。人人都爱看戏，不少的人都爱演戏。戏剧愈来愈蓬勃发展。黑格尔曾把戏剧放在艺术发展的顶峰。西方几个文艺鼎盛时代，例如古代的希腊，文艺复兴时代的英国、西班牙和法国，浪漫运动时代的德国都由戏剧来领导整个时代的文艺风尚。我们不禁要问：戏剧这个崇高地位是怎样得来的？要回答这个问题，还要"数典不能忘祖"。不但人，就连猴子鸟雀之类动物也摹仿同类动物乃至人的声音、笑貌和动作来做戏。不但成年人，就连婴儿也爱摹仿所见到的事物来做戏，表现出离奇而丰富的幻想,例如和猫狗乃至桌椅谈话,男孩用竹竿当作马骑,女孩装着母亲喂玩具的奶。这些游戏其实就是戏剧的雏形,也是对将来实际劳动生活的学习和训练。多研究一下“儿戏”,就可以了解关于戏剧的许多道理。首先是儿童从这种游戏中得到很大的快乐。这种快乐之中就带有美感。人既然有生命力,就要使他的生命力有用武之地,就要动,动就能发挥生命力,就感到舒畅;不动就感到“闷”,闷就是生命力被堵住,不得畅通,就感到愁苦。汉语“苦”与“闷”连用,“畅”与“快”连用,是大有道理的。马克思论劳动,也说过美感就是人使各种本质力量能发挥作用的乐趣。人为什么爱追求刺激和消遣呢? 都是要让生命力畅通无阻,要从不断活动中得到乐趣。因此,不能否定文艺(包括戏剧)的消遣作用,消遣的不是时光而是过剩的精力。要惩罚囚犯,把他放在监狱里还戴上手铐脚镣,就是逼他不能自由动弹而受苦,所以囚犯总是眼巴巴地望着“放风”的时刻。我们现在要罪犯从劳动中得到改造,这是合乎人道主义的。我们正常人往往进行有专责的单调劳动,只有片面的生命力得到发挥,其他大部分生命力也遭到囚禁,难得全面发展,所以也有定时“放风”的必要。戏剧是一个最好的“放风”渠道,因为其他艺术都有所偏,偏于视或偏于听,偏于时间或偏于空间,偏于静态或偏于动态,而戏剧却是综合性最强的艺术,以活人演活事,使全身力量都有发挥作用的余地,而且置身广大群众中,可以有同忧同乐的社会感。所以戏剧所产生的美感在内容上是最复杂、最丰富的。

无论是悲剧还是喜剧,作为戏剧,都可以产生这种内容最复杂也最丰富的美感。不过望文生义,悲喜毕竟有所不同,类于悲剧的喜感,西方历来都以亚理斯多德在《诗学》里的悲剧净化论为根据来进行争辩或补充。依亚理斯多德的看法,悲剧应有由福转祸的结构,结局应该是悲惨的。理想的悲剧主角应该是“和我们自己类似的”好人,为着小过失而遭到大祸,不是罪有应得,也不是完全无过错,这样才既能引起恐惧和哀怜,又不至使我们的正义感受到很大的打击。恐惧和哀怜这两种悲剧情感本来就是不健康的,悲剧激起它们,就导致它们的“净化”或“发散(katharsis)”,因为像脓包一样,把它戳穿,让它发散掉,就减轻它的毒力,所以对人在心理上起健康作用。这一说就是近代心理分析源弗洛伊德的“欲望升华”或“发散治疗”说的滥觞。依这位变态心理学家的看法,人心深处有些原始欲望,最突出的是子对母和女对父的性欲,和文明社会的道德法律不相容,被压抑到下意识里形成“情意综”,作为许多精神病例的病根。但是这种原始欲望也可采取化装的形式,例如神话、梦、幻想和文艺作品往往就是原始欲望的化装表现。弗洛伊德从这种观点出发,对西方神话、史诗、悲剧乃至近代一些伟大艺术家的作品进行心理分析来证明文艺是“原始欲望的升华”。这一说貌似离奇,但其中是否包含有合理因素,是个尚待研究的问题。他的观点在现代西方还有很大的影响。

此外,解释悲剧喜感的学说在西方还很多,例如柏拉图的幸灾乐祸说,黑格尔的悲剧冲突与永恒正义胜利说,叔本华的悲剧写人世空幻、教人退让说,尼采的悲剧为酒神精神和日神精神的结合说。这些诸位暂且不必管,留待将来参考。

关于喜剧,亚理斯多德在《诗学》里只留下几句简短而颇深刻的话:

> 喜剧所摹仿的是比一般人较差的人物。"较差"并不是通常所说的"坏"(或"恶"),而是丑的一种形式。可笑的对象对旁人无害,是一种不至引起痛感的丑陋或乖讹。例如喜剧的面具既怪且丑,但不至引起痛感。

这里把"丑"或"可笑性"作为一种审美范畴提出,其要义就是"谑而不虐"。不过这只是现象,没有说明"丑陋或乖讹"何以令人发笑,感到可喜。近代英国经验派哲学家霍布士[①]提出"突然荣耀感"说作为一种解释。霍布士是主张性恶论的,他认为"笑的情感只是在见到旁人的弱点或自己过去的弱点时突然想起自己的优点所引起的'突然荣耀感'",觉得自己比别人强,现在比过去强。他强调"突然",因为"可笑的东西必定是新奇的,不期然而然的"。

此外关于笑与喜剧的学说还很多,在现代较著名的有法国哲学家柏格森[②]的《笑》(*Le Rire*)。他认为笑与喜剧都起于"生命的机械化"。世界在不停地变化,有生命的东西应经常保持紧张而有弹性,经常能随机应变。可笑的人物虽有生命而僵化和刻板公式化,"以不变应万变",就难免要出洋相。柏格森举了很多例子。例如一个人走路倦了,坐在地上休息,没有什么可笑,但是闭着眼睛往前冲,遇到障碍物不知回避,一碰上就跌倒在地上,这就不免可笑。有一个退伍的老兵改充堂倌,旁人戏向他喊:"立正!'他就

---

① 现译为霍布斯(1588—1679),英国哲学家、政治家。他创立了机械唯物主义的完整体系,提出了"自然状态"和国家起源说。

② 柏格森(1859—1941),法国哲学家、生命哲学与直觉主义主要代表之一,创造进化论的提出者。主要著作有《物质与记忆》《形而上学导论》《创造进化论》《笑》等。获1927年诺贝尔文学奖。

慌忙垂下两手,把棒的杯盘全都落地打碎,这就引起旁人大笑。依柏格森看,笑是一种惩罚,也是一种警告,使可笑的人觉到自己笨拙,加以改正。笑既有这样实用目的,所以它引起的美感不是纯粹的。“但笑也有几分美感,因为社会和个人在超脱生活急需时把自己当作艺术品看待,才有喜剧。”

现代值得注意的还有已提到的弗洛伊德的“巧智与隐意识”,不过不是三言两语可以介绍清楚的。他的英国门徒谷列格(Greig)在1923年编过一部笑与喜剧这个专题的书目就有三百几十种之多。诸位将来如果对这个专题想深入研究,可以参考。

我提出悲剧和喜剧这两个范畴作为最后一封信来谈,因为戏剧是文艺发展的高峰,是人民大众所喜闻乐见的综合性艺术。从电影剧、电视剧乃至一般曲艺的现状来看,可以预料到愈到工业化的高度发展的时代,戏剧就愈有广阔而光明的未来。社会主义时代是否还应该有悲剧和喜剧呢?在苏联,这个问题早已提出,可参看卢那察尔斯基[①]的《论文学》中“社会主义现实主义”章。近来我国文艺界也在热烈讨论这个问题。这是可喜的现象。我读过有关这些讨论的文章或报告,感到有时还有在概念上兜圈子的毛病,例如恩格斯在复拉萨尔的信里是否替悲剧下过定义,我们所需要的是否还是过去的那种悲剧和喜剧之类。有人还专从阶级斗争观点来考虑这类问题,有时也不免把问题弄得太简单化了。我们还应该多考虑一些具体的戏剧名著和戏剧在历史上的演变。

从西方戏剧发展史来看,我感到把悲剧和喜剧截然分开在今

---

① 卢那察尔斯基(1875—1933),苏联政治家、文艺批评家、哲学家。主要著作有《唯心主义与唯物主义》《资产阶级文化与无产阶级文化》《实证美学原理》及一些剧本等。

天已不妥当。希腊罗马时代固然把悲剧和喜剧的界限划得很严，其中原因之一确实是阶级的划分。上层领导人物才做悲剧主角，而中下层人物大半只能侧身于喜剧。到了文艺复兴时代资产阶级（所谓“中层阶级”）已日渐登上政治舞台，也就要求登上文艺舞台了，民众的力量日益增强了，于是悲剧和喜剧的严格划分就站不住了。英国的莎士比亚和意大利的瓜里尼[①]（Gguarini）不约而同地创造出悲喜混杂剧来。瓜里尼还写过一篇《悲喜混杂剧体诗的纲领》，把悲喜混杂剧比作“寡头政体和民主政体相结合的共和政体”。这就反映出当时意大利城邦一般人民要和封建贵族分享政权的要求。莎士比亚的悲喜混杂剧大半在主情节（main plot）之中穿插一个副情节（sub-plot），上层人物占主情节，中下层人物则侧居副情节。如果主角是君主，他身旁一般还有一两个喜剧性的小丑，正如塞万提斯的传奇中堂吉诃德之旁还有个桑丘·潘沙。这部传奇最足以说明悲剧与喜剧不可分。堂吉诃德本人既是一个喜剧人物，又是一个十分可悲的人物。到了启蒙运动时在狄德罗和莱辛的影响之下，市民剧起来了，从此就很少有人写古典型的悲剧了。狄德罗主张用“严肃剧”来代替悲剧，只要题材重要就行，常用的主角不是达官贵人而是一般市民，有时所谓重要题材也不过是家庭纠纷。愈到近代，科学和理智日渐占上风，戏剧已不再纠缠在人的命运或诗的正义这些方面的矛盾，而要解决现实世界所面临的一些问题，于是易卜生[②]和肖伯纳[③]式的“问

① 瓜里尼（1538—1612），意大利诗人，文艺理论家。代表作有《忠实的牧羊人》等。

② 易卜生（1828—1906），挪威剧作家，欧洲近代戏剧的创始人。代表作有《玩偶之家》《人民公敌》《野鸭》等。

③ 现译为萧伯纳（1856—1950），爱尔兰剧作家、小说家。代表作有《圣女贞德》《伤心之家》等。获1925年诺贝尔文学奖。

题剧”就应运而起。近代文艺思想日益侧重现实主义，现实世界的矛盾本来很复杂，纵横交错，很难严格区分为悲喜两个类型。就主观方面来说，有人偏重情感，有人偏重理智，对戏剧的反应也有大差别。我想起法国人有一句名言：“世界对爱动情感的人是个悲剧，对爱思考的人是个喜剧。”上文我已提到堂吉诃德，可以被人看成喜剧的，也可以被人看作悲剧的。电影巨匠卓别林①也许是另一个实例。他是世所公认的大喜剧家，他的影片却每每使我起悲剧感，他引起的笑是“带泪的笑”。看《城市之光》时，我暗中佩服他是现代一位最大的悲剧家。他的作品使我想起对丑恶事物的笑或许是一种本能性的安全瓣，我对丑恶事物的笑，说明我可以不被邪恶势力压倒，我比它更强有力，可以和它开玩笑。卓别林的笑仿佛有这么一点意味。

因此，我觉得现在大可不必从概念上来计较悲剧的定义和区别。我们当然不可能“复兴”西方古典型的单纯的悲剧和喜剧。正在写这封信时，我看到最近上演的一部比较成功的话剧《未来在召唤》，在感到满意之余，我就自问：这部剧本究竟是悲剧还是喜剧？它的圆满结局不能使它列入悲剧范畴，它处理现实矛盾的严肃态度又不能使它列入喜剧。我从此想到狄德罗所说的“严肃剧”或许是我们的戏剧今后所走的道路。我也回顾了一下我们自己的戏剧发展史，凭非常浅薄的认识，我感到我们中国民族的喜剧感向来很强，而悲剧感却比较薄弱。其原因之一是我们的“诗的正义感”很强，爱好大团圆的结局，很怕看到亚理斯多德所说的

---

① 卓别林（1889—1977），英国电影导演、演员。1909 年加入卡尔诺剧团，从事哑剧表演。1913 年在美国开始电影活动。1919 年建立独立的制片厂，编导并主演《淘金记》《城市之光》《摩登时代》等影片。曾获奥斯卡特别荣誉奖。

“像我们自己一样的好人因小过错而遭受大的灾祸”。不过这类不符合“诗的正义”(即“善有善报,恶有恶报”)的遭遇在现实世界中却是经常发生的。“诗的正义感”本来是个善良的愿望,我们儒家的中庸之道和《太上感应篇》[①]的影响也起了不小的作用。悲剧感薄弱毕竟是个弱点,看将来历史的演变能否克服这个弱点吧。

现在回到大家在热烈讨论的“社会主义时代还要不要悲剧和喜剧”这个问题,这只能有一个实际意义:社会主义社会里是否还有悲剧性和喜剧性的人和事。过去十几年林彪和“四人帮”的血腥的法西斯统治已对这个问题作出了明确的答复:当然还有!在理论上辩证唯物主义和历史唯物主义也早就对这个问题做了根本性的答复。历史是在矛盾对立斗争中发展的,只要世界还在前进,只要它还没有死,它就必然要动,动就有矛盾对立斗争的人和事,即有需要由戏剧来反映的现实材料和动作情节。这些动作情节还会是悲喜交错的,因为悲喜交错正是世界矛盾对立斗争在文艺领域的反映,不但在戏剧里是如此,在一切其他艺术里也是如此;不但在社会主义时代如此,在未来的共产主义时代也还是如此。祝这条历史长河永流不息!

① 此书为道教经典著作之一,全文篇幅很短,仅1200多字,曾被人誉为“古今第一善书”。作者为北宋时期的李昌龄。

十三　结束语:“还须弦外有余音”

朋友们:

限于篇幅、时间和个人的精力,这些谈美的信只得暂告结束了。回顾写过的十二封信,感到有些欠缺应向读者道歉。

首先,有些看过信稿的朋友告诉我:“看过你在解放前写的那部《谈美》,拿这部新作和它比起来,我们感觉到你现在缺乏过去的那种亲切感和深入浅出的文笔了;偶尔不免有‘高头讲章’的气味,不大好懂,有时甚至老气横秋,发点脾气。”我承认确实有这些毛病,并且要向肯向我说直话的朋友们表示感激。既然在和诸位谈心,我也不妨直说一下我的苦衷。旧的《谈美》是在半个世纪以前我自己还是一个青年的大学生时代写的。那时我和青年们接触较多,是他们的知心人,我自己的思想情感也比现在活跃些,而现在我已是一个进入八十三岁的昏聩老翁了,这几十年来一直在任教和写“高头讲章”,脑筋惯在抽象理论上兜圈子,我对“四人帮”的迫害倒不是“心有余悸”而是“心有余恨”,对文风的丑恶现象经常发点脾气,这确实是缺乏涵养。我不能以一个龙钟老汉冒充青年人来说话,把话说得痛快淋漓,我只好认输,对青年人还有一大段光明前程只有深为羡慕而已。

“高头讲章”的气味我也不太欣赏,所以动笔行文时也力求避免写成教科书。写出来的也绝够不上教科书的水平。好在《美学概论》和《文学概论》之类著作现在也日渐多起来了,我何必去滥竽充数呢?我之终于答应写《谈美书简》,一则是要报答来信来访和来约者的盛意,二则是从解放以来我一直在抓紧时间学习马列主义经典著作,对过去自己的言论中错误和不妥处也日渐有所认识,理应趁这段行将就木的余年向读者做个检查或“交代”。

其次,朋友们来信经常问到学美学应该读些什么书。他们深以得不到想读的书为苦,往往要求我替他们买书和供给资料。他们不知道我自己在60年代以后也一直在闭关自守,坐井观天,对国际学术动态完全脱节,所以对这类来信往往不敢答复。老一点的资料我在《西方美学史》下卷附录里已开过一个“简要书目”,其中大多数在国内还是不易找到的。好在现在书禁已开,新出版的书刊已日渐多起来了,真正想读书的当不再愁没有书读了。人愈老愈感到时间可贵,所以对问到学外语和美学的朋友们,我经常只进这样几句简短的忠告:不要再打游击战,像猴子掰苞谷,随掰随丢,要集中精力打歼灭战,要敢于攻坚。不过歼灭战或攻坚战还是要一仗接着一仗打,不要囫囵吞枣。学美学的人入手要做的第一件大事还是学好马列主义。不要贪多,先把《马克思恩格斯选集》通读一遍,尽量把它懂透,真正懂透是终生的事,但是先要养成要求懂透的习惯。其次,如果还没有掌握一种外语到能自由阅读的程度,就要抓紧补课,因为在今天学任何科学都要先掌握国际最新资料,闭关自守绝没有出路。第三,要随时注意国内文艺动态,拿出自己的看法;如果有余力,最好学习一门性之所近的艺术:文学、绘画或音乐,避免将来当空头美学家或不懂文艺的文艺理论家。

第三,我写这十几封信只是以谈心的方式来谈常盘踞在我心里的一些问题,不是写美学课本,所以一般美学课本里必谈的还有很多问题我都没有详谈,例如内容和形式,创作、欣赏与批评,批判和继承,民族性和人民性,艺术家的修养之类问题。对这类问题我没有什么值得说的新见解,我就不必说了。不过我心里也还有几个大家不常说或则认为不必说而我却认为还值得说的问题,因为还没有考虑成熟,也不能在此多谈。

一个问题是我在《西方美学史》上卷“序论”所提的意识形态属于上层建筑而不等于上层建筑的问题。我认为上层建筑中主要因素是政权机构,其次才是意识形态。这两项不能等同起来,因为政权机构是社会存在,而意识形态只是反映社会存在的社会意识。二者之间不能画等号,有马克思主义创始人的许多话可以为证。我当时提出这个问题,还有一个要把政治和学术区别开来的动机。我把这个动机点明,大家就会认识到这个问题的重要性。这是值得进一步讨论的,而且不是某个人或某部分人所能解决的,还须根据双百方针以民主方式进行深入讨论才行。现在这项讨论已开始展开了。我现在还须倾听较多的意见,到适当的时候再做一次总的答复,并参照提出的意见,进行一次自我检查。如果发现自己错了,我就坚决地改正,如果没有被说服,我就仍然坚持下去,不过这是后话了。

另一个大家不常谈而我认为还必须认真详谈的就是必然和偶然在文学中辩证统一的问题。我是怎样想起这个问题的呢?巴尔扎克在《人间喜剧》的“序言”里说过:“机缘是世界上最伟大的小说家;要想达到丰富,只消去研究机缘。”“机缘”是我用来试译原文 hasard 一个词,它本有“偶然碰巧”的意思,读到这句话时,我觉得很有意思,但其中的道理我当时并没有懂透。后来我读到恩格斯在 1890 年 9 月初给约·布洛赫的信中有这样一段话:

……这里表现出这一切因素的交互作用,而在这种交互作用中归根到底是经济运动作为必然因素,通过无穷无尽的偶然事件(即这样一些事物,其中内部联系很疏远或很难确定,使我们把它们忽略掉甚至认为它们并不存在)而向前发展……(《马克思恩格斯选集》第四卷)

这就是说,必然要通过偶然而起作用。我就把这种偶然事件和巴尔扎克的“机缘”联系起来。我又联想到马克思关于拿破仑说过类似的话,以及普列汉诺夫在谈个人在历史中的作用时引用过法国帕斯卡尔[1]的一句俏皮话:“如果埃及皇后克莉奥佩特拉(Cleopatra)的鼻子生得低一点,世界史也许会改观。”这些关于“偶然”的名言在我脑里就偶然成了一个火种在开始燃烧。等到今夏我看日本影片《生死恋》时,看到女主角夏子因试验爆炸失火而焚身,就把一部本来也许可写成喜剧的戏变成一部令人痛心的悲剧,我脑子里那点火种便迸发成四面飞溅的火花。我联想到美学上许多问题,联想到许多文艺杰作特别是戏剧杰作里都有些“偶然”或“机缘”在起作用,突出的例子在希腊有俄狄浦斯弑父娶母的三部曲,在英国有莎士比亚的《罗密欧与朱丽叶》,在德国有席勒的《威廉·退尔》,在中国有《西厢记》和《牡丹亭》。中国小说向来叫作“志怪”或“传奇”,奇怪也者,偶然机缘也,不期然而然也。试想一想中国过去许多神怪故事,从《封神榜》《西游记》《聊斋》《今古奇观》到近来的复映影片《大闹天宫》,如果没有那么多的偶然机缘,绝不会那么引人入胜。它们之所以能引人入

---

① 现译为帕斯卡(1623—1662),法国数学家、物理学家、哲学家、散文家。所著《思想录》《致外省人书》对法国散文的发展影响甚大。

胜,就因为能引起惊奇感,而惊奇感正是美感中的一个重要因素。我因此想到正是偶然机缘创造出各民族的原始神话,而神话正是文艺的土壤。恩格斯解释"偶然事件"时说它们有"内部联系"不过人对这种联系还没有认识清楚,也就是说还处于无知状态。人不能安于无知,于是幻想出这种偶然事件的创造者都是神。古希腊人认为决定悲剧结局的是"命运",而命运又有"盲目的必然"的称号,意思也就是"未知的必然"。中国也有一句老话"城隍庙里的算盘——不由人算",这也是把未知的必然(即偶然)归之于天或神。这一方面暴露人的弱点,另一方面也显出人凭幻想去战胜自然的强大生命力。现实和文艺都不是一潭死水,纹风不动,一个必然扣着另一个必然,形成铁板一块,死气沉沉的。古人形容好的文艺作品时经常说"波澜壮阔",或则说"风行水上,自然成纹",因此就表现出充沛的生命力和高度的自由,表现出巧妙。"巧"也就是偶然机缘,中国还有一句老话"无巧不成书",也就是说,没有偶然机缘就创造不出好作品。好作品之中常有所谓"神来之笔"。过去人们迷信"灵感",以为好作品都要凭神力,其实近代心理学已告诉我们,所谓"灵感"不过是作者在下意识中长久酝酿而突然爆发到意识里,这种突然爆发却有赖于事出有因而人尚不知其因的偶然机缘。法国大音乐家伯聊兹①曾替一首诗作乐谱,全诗都谱成了,只剩收尾"可怜的兵士,我终于要再见法兰西"一句,就找不到适合的乐调。搁下两年之后,他在罗马失足落水,爬起来时口里所唱的乐调正是两年前苦心搜寻而没有获得的。他的落水便是一种偶然机缘。杜甫有两句诗总结了他自己的创

① 现译为柏辽兹(1803—1869),法国作曲家、指挥家、音乐评论家,法国浪漫乐派的主要代表人物。

作经验:“读书破万卷,下笔如有神。”“神”就是所谓“灵感”,像是“偶然”,其实来自“读书破万卷”的辛勤劳动。这就破除了对灵感的迷信。我国还有一句老话:“熟中生巧。”灵感也不过是熟中生巧,还是长期锻炼的结果。“能令百炼钢,化为绕指柔”,力使人感到巧,才产生美感。这种美感从跳水、双杠表演、拳术、自由体操的“绝技”和“花招”中最容易见出。京剧《三岔口》之所以受到欢迎,也在许多应付偶然的花招所引起的惊奇感。

我抱着“偶然机缘”这个问题左思右想,愈想下去就愈觉得它所涉及的范围甚广。前信所谈到的喜剧中“乖讹”便涉及“偶然机缘”,我国最有科学条理的文论家刘勰在《文心雕龙》里特辟“谐隐”一章来讨论说笑话和猜谜语,也足见他重视一般人所鄙视的文字游戏。文字游戏不应鄙视,因为它受到广大人民的热烈欢迎,它是一般民歌的基本要素,也是文人诗词的一个重要组成部分。民歌最富于“谐趣”(就是所谓“幽默感”)。真正的“谐”大半是“不虐之谑”,谐的对象总有某种令人鄙视而不至遭人痛恨的丑陋和乖讹。例如一首流行的民歌:

一个和尚挑水喝,两个和尚抬水喝,三个和尚没水喝。

出乎情理之常的是“三个和尚没水喝”,非必然而竟然,所以成为笑柄,也多少是一个警告。“隐”就是“谜”,往往和“谐”联系在一起,例如四川人嘲笑麻子:

啥?豆巴,满面花,雨打浮沙,蜜蜂错认家,荔枝核桃苦瓜,满天星斗打落花。

这就是谐、隐和文字游戏的结合。讥刺容貌丑陋为谐，以谜语出之为隐，取七层宝塔的形式，一层高一层，见出巧妙的配搭为文字游戏。谐最忌直率，直率不但失去谐趣，而且容易触讳招尤，所以出之以“隐”，饰之以文字游戏，就可以冲淡讥刺的一点恶意，而且嵌合巧妙，令人惊喜，产生谐所特有的一种快感。这种快感就是美感。可笑的事物好比现实世界的一池死水偶然皱起微波，打破了沉闷；但它毕竟有些丑陋乖讹，也不免引起轻微的惋惜的不快感，从此也可见美感的复杂性，不易纳到一个公式概念里去。

谐是雅俗共赏的，所以它最富于社会性，托尔斯泰在《艺术论》里特别强调文艺的传染情感的功用，而所传染的情感之中他也指出笑谑，认为它也能密切人与人的关系。刘勰解释谐时说：“谐之为言皆也，词浅会俗，皆说笑也。”这也足说明谐的社会功用。要印证这个道理，最好多听相声。相声是谐的典型，也是雅俗共赏的一种曲艺。因此，在粉碎“四人帮”之后我国文艺重新繁荣的景象首先见之于相声，继侯宝林和郭全宝之后出现了一大批卓越的相声演员。连像我这个专搞理论、一本正经的老学究对一般带理论气味的一本正经的话剧和电影剧并不太爱看，但每遇到相声专场，我只要抽出闲空就必看，看了总感到精神上舒畅了一下，思想也多少得到了解放，也就是说，从一些偶然机缘中认识到一些人情世态乃至一些关于美和美感的道理。

我从这种文字游戏想到文艺与游戏的关系。过去我是席勒、斯宾塞尔、谷鲁斯的信徒，认为文艺起源于游戏说是天经地义。从解放后学习马克思主义以来，我就深信文艺起源于劳动，放弃了文艺起源于游戏的说法。近来我重新研究谐隐与文字游戏，旧思想又有些“回潮”,觉得游戏说还不可一笔抹杀。想来想去,我认为把文艺看作一种生产劳动是马克思主义者所必坚持的不可逆转的定论,但在文艺这种生产劳动中游戏也确实是一个极其重要的因素。理由之一就是,马克思和恩格斯都指出的必然要透过偶然而起作用,而偶然机缘在文艺中突出地表现于游戏,特别是在于所谓“戏剧性的暗讽”。理由之二是劳动与游戏的对立是资本主义社会中劳动异化的结果,到了消除了劳动异化,进入了共产主义时代,一切人的本质活动都会变成自由的、无拘无碍的,劳动与游戏的对立就不复存在。

我对这个问题还没有考虑成熟,不过我感觉到与游戏密切相关的偶然机缘在文艺中的作用这个问题还大有文章可做,而且也很有现实意义。我准备继续研究下去,并且希望爱好文艺和美学的朋友们都来研究一下这个问题,各抒己见,引起讨论,或可以解放一下思想。

我很喜爱漫画师丰子恺老友的两句诗:“常喜小中能见大,还须弦外有余音。”现在就留下偶然机缘这个问题请诸位研究,就算是我的弦外余音,留有余不尽之意吧。再见,祝诸位奋勇前进!

文艺心理学

（节选）

美感与联想[①]

承认美感经验为形象的直觉，我们还可以解决另一个纠纷的问题，就是美感与联想的关系。联想是一种最普遍的作用，通常分为两种。一种是类似联想，例如看到菊花想起向日葵，因为它们都是花，都是黄色，在性质上有类似点。一种是接近联想，例如看到菊花想起中山公园，又想起陶渊明的诗，因为我在中山公园里看过菊花，在陶渊明的诗里也常遇到提起菊花的句子，两种对象虽不同，而在经验上却曾相接近。这两种联想有时混在一起，例如看到菊花想起陶渊明，一方面是一种接近联想，因为陶渊明常做菊花诗；一方面也是一种类似联想，因为菊花有高人节士的气概，和陶渊明的性格很类似。

凡是两个观念联在一起想时都用联想，例如说"人是动物""这个声音像是张三的""妻就是老婆""美感经验是形象的直觉""流云如白衣苍狗""衣在箱子里"等等。从此可知凡是可以用一个完全语句表示的知识都是联想作用的结果。这就是说，联想是知觉、概念、记忆、思考、想象等心理活动的基础，意识在活动时就是联想在进行。从前哲学家如霍布士、詹姆斯诸人把思想分为有意旨的（voluntary thought）和联想的（associative thought）两种。"联想的思想"是自由起伏、飘忽不定的。例如我此刻从菊花想起，想到中山公园，由中山公园想到溥心畬的画展、潭柘寺、蛇、

---

① 此章为《文艺心理学》第六章。

《古舟子咏》中一行诗、鸦片烟等。从菊花到鸦片烟虽似牛头不对马嘴,其中联想线索前后相承,却有关系可寻;虽有关系可寻,却都是偶然的。换一个时间,换一个环境,我也许可以由菊花想起许多其他事物。梦中的思想往往完全是联想的。"有意旨的思想"也是由甲到乙、由乙到丙逐渐前进,但是在辗转前进时步步受一个主旨控制,它所走的方向是由主旨指定的。甲和乙、乙和丙相承是以必然关系为线索的。日常思考都是用这种"有意旨的思想"。其实"有意旨的思想"也还脱离不了联想,所不同者不过是一个是有定向、有必然关系的联想,一个是飘忽的、偶然的联想罢了。现在我们沿旧习惯,说联想作用时单指飘忽的、偶然的联想,就是与"有意旨的思想"有别的"联想的思想"。

在观照自然或艺术时,我们最容易起联想,因为我们暂时丢开实际生活的种种牵制,心里没有一个主旨指定思路的方向,平时可以限制联想的种种力量都暂时失去作用。一般人觉得一件事物美时,大半因为它能唤起甜美的联想。最简单的实例是颜色的偏好。我们对于颜色,往往因民族、年龄、性别、教育不同而各有所偏好,有人偏好红色,有人偏好青色。据一派心理学家看,这都是由于联想作用。例如红是火和血的颜色,所以看到红色令人觉得温暖,感到热情。青是田园草木的颜色,所以看到青色令人联想到乡村生活的安闲。再比如看画,图画的美本来在颜色、线纹、阴影诸成分的谐和配合所现出的意象。多数人看画却不着重这一点而着重画里的故事。乡下人喜欢把孟姜女、薛仁贵、桃园三结义、安天会[1]的图糊在壁上做装饰,并不是因为能欣赏那些木

① 戏曲片段,根据中国古典名著《西游记》前几回改编而成,主要讲孙悟空大闹天宫和被收服的故事。

板雕刻,而是因为它们可以引起许多有趣的故事的联想。这种心理习惯是很普遍的,所以往日画家都喜欢历史宗教的题材,例如《拿破仑的结婚》《乾隆南巡》《耶稣临刑》之类的图画虽然本身不一定有什么价值,却为多数人所爱看。詹姆斯说,有一位老修道妇站在一幅耶稣临刑图前合掌仰视,悠然神往。旁人问她那幅画如何,她回答说:“真美! 你看上帝是多么仁慈,让自己的儿子去牺牲,来赎全人类的罪孽!”在音乐方面联想的势力更大。据近代实验美学的结果,纯粹的音乐嗜好是极稀罕的,许多人喜欢音乐,都不是因为欣赏声音的和谐,而是因为欢喜它所唤起的视觉的意象。我们在实验报告里摘一两节出来看:

> 我仿佛坐在皇后的大厅里。一位穿红袍的女子在拉提琴,另外一位女子在伴着琴声唱歌。那位拉琴者的面容很凄惨,她生平一定有什么失意的事。
>
> ——剑桥大学 Meyers 教授的实验报告

> 听瓦格纳[①]的《林间微响》时我很明显地看见一丛青绿的橡树和棕榈,橡树高低如普通的橡树,棕榈有时高达三四米。……我隐约听见橡树的最高枝有一只夜莺在歌唱。……我想那只夜莺是黄色夹黑色,但是我并没有看见它。
>
> ——巴黎大学 Delacroix 教授的实验报告

---

① 瓦格纳(1813—1883),德国作曲家、剧作家,著名的古典音乐大师,前承莫扎特的歌剧传统,后启后浪漫主义歌剧作曲潮流。代表作有《特里斯坦与依索尔德》《黎恩济》《漂泊的荷兰人》等。

中国许多诗人描写音乐的诗也可当作实验报告看。例如李颀的《听董大弹胡笳》:

空山百鸟散还合,万里浮云阴且晴。嘶酸雏雁失群夜,断绝胡儿恋母声……幽音变调忽飘洒,长风吹林雨堕瓦。迸泉飒飒飞木末,野鹿呦呦走堂下。

韩愈的《听颖师弹琴》:

昵昵儿女语,恩怨相尔汝。划然变轩昂,勇士赴敌场。浮云柳絮无根蒂,天地阔远随飞扬。喧啾百鸟群,忽见孤凤凰。跻攀分寸不可上,失势一落千丈强。

白居易的《琵琶行》:

大弦嘈嘈如急雨,小弦切切如私语。嘈嘈切切错杂弹,大珠小珠落玉盘。间关莺语花底滑,幽咽泉流冰下难。

同样的实例甚多,不胜枚举。这些名句所描写的都只是音乐所唤起的联想而不是音乐本身。

这种联想所产生的情感是不是美感呢?从前英国有一派心理学家用联想解释一切美感经验。这种见解流行很久,到康德时才受动摇。康德分美为"纯粹的美(pure beauty)"和"有依赖的美(dependent beauty)"两种。"纯粹的美"只在颜色、线形、声音诸元素的谐和的组合中见出。这种美的对象完全是一种不具意义的模型(pattern)。我们看这种模型时,心灵的活动最自由,不受真、善、效用、目的种种观念的限制。最好的例子是不表物形的阿拉伯式的图案、音乐、云彩、瀑布、星辰等。“有依赖的美”则于形式之外别具意义,使人由形式旁迁到意义上去。例如人和其他生物的美都夹杂有目的、效用等实用的观念在内。我们赞美一匹马,因为它活泼、雄壮、轻快;赞美一棵橡树,因为它茂盛、挺拔、坚强。这些观念都是由实用生活得来的,因如此等类的性质而觉得一种事物美,那种美就不是纯粹的而是有依赖的。依康德看,除了不表物形的图案画、刺绣、建筑、瓷器、音乐之外,艺术作品大半是模仿的(imitative)。它们的价值不外在模仿是否逼真以及所模仿的事物性质是否在生命上有价值两点见出。这种价值都是“外在的”,实在不足据以为凭来断定作品本身的美丑。因联想而见到事物的美,自然更不是纯粹的美了。

美感是否有关联想的问题与形式和内容的问题密切相关。康德是偏重形式而忽视内容的。他的学说在近代影响极大。近代艺术无论在理论方面或在实施方面,都在倾向形式主义。向来学者欢喜把艺术分为两个成分,一个是“内容”,又称“表现的成分(representative element)”或“联想的成分(associative element)”;一个是“形式”,又称“形式的成分(formal element)”或“直接的成分(immediate element)”。比如说图画,题材或故事属于“表现的成分”,颜色、线形、阴影的配合属于“形式的成分”。再比如说诗,我们读一首诗所了解的意义是“表现的成分”,它的音节则为“形式的成分”。

近代艺术特别着重“形式的成分”,操之过激者甚至于反对艺术含有任何“表现的成分”。在理论方面,形式主义的始祖当然是康德。后来的哲学家如叔本华、尼采、克罗齐诸人特别着重艺术的自由独立，不牵涉到科学伦理种种问题，他们所主张的其实还是变相的形式主义。在文人方面，佩特[①]（Walter Pater）以为一切艺术都以逼近音乐为指归，因为在音乐里内容和形式混化无迹。他像是主张内容和形式有同等的重要，其实仍是偏重形式，因为音乐的最高境界是只见形式而不见内容的。前章所引过的贝尔[②]的《艺术论》更是一种极端的形式派的宣言。

就实施方面说，图画中的后期印象主义几乎把"表现的成分"减低到零度。比如看一幅塞尚的画，你起初只望见许多颜色、线形凑合在一起，成为一种很和谐的"模型"，须费过一番审视和猜度，才知道所画的是房子还是崖石。立体派的画也可以说是想以形式来化除内容。本来是一个人体，却用许多小立方形、椭圆形等堆砌成一种"模型"，使你一眼看到就觉得那模样好看，而忽略它所表现的是人体。在音乐方面，从瓦格纳把音乐配合戏剧成为"乐剧"之后，"表现的成分"才渐增多，近代的理论和实施都是向瓦格纳发起反动。依乐理学家汉斯立克[③]（Hanslick）看，音乐只是拿许多高低长短不同的音，组成一种很美的形式。在其他艺术之中，形式之后都有意义，在音乐中则形式之后绝对没有什么意义。音乐的美完全是形式的美。舒曼（Schumann）反对在音乐里寻意义，更加剧烈。他说："批评家老是想知道音乐家无法用文字

---

① 佩特（1839—1894），英国著名文艺批评家、散文作家。英国唯美主义运动的理论家和代表人物。代表作有《伊壁鸠鲁信徒马利乌斯》等。

② 即克莱夫·贝尔（1881—1964），英国形式主义美学家、文艺评论家，当代西方形式主义艺术的理论代言人。代表作有《塞尚以后的绘画》《十九世纪绘画的里程碑》等。

③ 现译为汉斯力克（1825—1904），奥地利音乐评论家、美学家。代表作有《论音乐的美》等。

表现出来的东西，他们对于所谈的问题往往十分没有懂得一分。天！将来有一天人们不问我们在神圣的作品之后隐寓什么意义吗？把第五阶音辨清楚罢，别再来扰我们的安宁！”近代音乐自然也还有描写风物和叙述故事的，但是大半不是上品。在诗歌方面，法国近来的“纯诗运动”（La Poësie Pure）就是一种极端的形式主义的表现。依照伯列蒙（Abbé Brémond）说，诗应该像音乐一样，在未令人明了意义之前，就能用声音像通电流似的直接地打动读者或听者的心灵。因此，诗的重要成分在声音不在意义，这就是说，在形式不在内容。英国斯温伯恩[①]（Swinburne）和法国象征派诗人作诗，就是把声音看得特别重要。

在这种形式主义弥漫全世界的时代，联想作用在美感经验中的位置自然大受打击。一般学者反对联想与美感有关，理由不外四种：

一、在美感经验中我们聚精会神于一个孤立绝缘的意象上面，不旁迁他涉，联想则最易使精神涣散，注意力不专，使心思由美感的意象本身移到许多其他事物上面去。拿牛希济[②]的“记得绿罗裙，处处怜芳草”两句词为例来说，在审美时，我看到芳草，就一心一意地领略芳草的情趣；在联想时，我看到芳草，就想到绿罗裙，又想到穿罗裙的美人，既想到穿罗裙的美人，心思就已不复在芳草了。康德所说的“有依赖的美”就是由形象本身联想到它的价值效用所见到的美。凡是联想都是“有依赖的”。

---

① 现译为史文朋（1837—1909），英国维多利亚时期的重要诗人。在创作中，他追求形象的鲜明华丽与大胆新奇、声调的和谐优美与婉转轻柔。主要作品有诗剧《阿塔兰忒在卡吕冬》，诗集《诗歌与民谣》《日出前的歌》等。

② 牛希济，生卒年不详，五代词人。牛峤之侄。其词作以爱情为主，文字较清澹，为花间派重要词人之一。其《临江仙》《女冠子》等词颇为时人所称道。《花间集》录其词 11 首。

二、联想由甲到乙，由乙到丙，关系全是偶然的，没有艺术的必然性。比如一幅画以“西湖秋月”为题材，如果观者不专注画的本身而信任联想，则甲可因西湖而联想到鲤鱼，乙可以因夜月而联想到从前在月夜中游过的采石矶。鲤鱼、采石矶和《西湖秋月》画漫不相关，不能形成一个艺术的整体。

三、注重联想就是注重内容。许多人读诗看画，大半先问它的内容如何，所谓内容就是情节。他们以为有些情节可以唤起堂皇典丽的联想，有些情节只能唤起丑陋平凡的联想，所以艺术应该慎择题材。题材选得好，再装上堂皇典丽的内容，人家一看，自然就联想到一些很美的意象。但是内容并不能决定艺术的好坏。许多画家同时画一棵树，许多小说家同时描写一个社会，他们的成绩并不能相提并论。如果你不是艺术家，纵有极好的内容，也不能创造好作品出来。反之，如果你是艺术家，极平凡的题材可以点铁成金。印象派大师如莫奈、凡·高诸人不是往往在一张椅子、一个苹果或是几间破屋之中表现出情深意永的世界吗？以题材的联想来打动观众，只是取巧偷懒，并不是艺术家的勾当。

四、从近代实验美学的结果看，联想最丰富的人大半欣赏力也最低。尤其在音乐方面，对于音乐有修养的人大半只注意到声音的起承转合，不想到意义，也不发生视觉的幻象。

这些攻击联想的话都很言之成理，但是终有不惬人心处。换一个观点看，联想对于艺术的重要实在不能一概抹杀，因为知觉和想象都以联想为基础，无论是创造或是欣赏，知觉和想象都必须活动，尤其在诗的方面。普列斯柯特在他的《诗的心理》(Prescott：*The Poetic Mind*)里援引霍布士的“有意旨的思想”和“联想的思想”的分别，以为诗完全属于“联想的思想”，和梦极相似。诗境往往是一种梦境,在这种境界中,诗人愈能丢开日常"有意旨的思想",愈信任联想,则想象愈自由,愈丰富。柯尔律治(Coleridge)在吃鸦片烟之后,睡眼蒙眬之中做成他的名诗《忽必烈汗》,是一个最好的例证。我们将来在讲创造的想象时还要详细说明这个道理。诗人在做诗时,自己固然仿佛在梦境里过活,还要设法"催眠"读者,使读者也走到梦境里,欣赏他所创造的世界。"催眠"的方法不外两种,一种是以低回往复的音乐,一种是以迷离恍惚的意象。这个道理法国美学家苏里阿在《艺术中的暗示》(Paul Souriau:*La Suggestion dans l'Art*)里说得最清楚。如果丢开联想,不但诗人无从创造诗,读者也无从欣赏诗了。

我们如果仔细研究法国象征派的理论,可以更加明了诗和联想的关系。从一方面说,象征派提倡"纯诗",主张诗应该以音乐直接地打动感官,不借重于寻常理智的了解,所以把内容所引起的联想减到最低限度。从另一方面说,他们又主张各种感官可以默契旁通,视觉意象可以暗示听觉意象,嗅觉意象可以旁通触觉意象,乃至于宇宙间万事万物无不是一片生灵贯注,息息相通,"香气、颜色、声音,都遥相呼应"[用波德莱尔的题为《感通》(*Correspondances*)中的诗句],所以诗人择用一个适当的意象可以唤起全宇宙的形形色色来。兰波[①](Rimband)也曾用《母音》为题做过一首十四行诗,渲染 AEIOU 五音所引起的视觉意象,例如写 I 音的两行:

I,灿烂的深红,淋漓的喷血,

① 兰波(1854—1891),法国诗人,早期象征主义诗歌的代表人物,超现实主义诗歌的鼻祖。主要作品有《地狱里的一季》《灵光集》等。

盛怒或沉醉而忏悔时的朱唇的笑。

由 I 音联想到红色、鲜血和美人的笑容，I 音不过是一个导火线，深红、鲜血、朱唇的笑容是由这导火线所迸发出来的光辉四射的意象世界。

诗的微妙往往在联想的微妙，这个道理我们在中国诗里也可以看出。例如李贺的《正月》：

上楼迎春新春归，暗黄着柳宫漏迟。薄薄淡霭弄野姿，寒绿幽风生短丝。锦床晓卧玉肌冷，露脸未开对朝暝。官街柳带不堪折，早晚菖蒲胜绾结。

八句诗把整个的早春景象描写得淋漓尽致。它的每个意象似乎都经过推敲来的，用意在用不同的富于代表性的事物刺激各种感官，使每种感官都觉得眼前是正月天气。我们眼睛看到的是暗黄、淡霭、寒绿、短丝、刚发芽的柳、露脸未开的花和还不能打绾结的菖蒲，皮肤所感到的是幽风、晓卧的冷和薄薄淡霭以及"露脸未开对朝暝"的整个的氛围空气。写早春，尤其是写宫中的早春，只能着重视觉、触觉和温度感觉，因为鸟鹊还未开始歌唱，声音也容易打破迟迟早春的清寂幽寒的风味。我们只听到迟缓的宫漏，但是在诗本身的音乐中，也仿佛觉得早春的情趣毕竟还是可以用耳来领略。只玩味"薄薄淡霭弄野姿，寒绿幽风生短丝"两句，你如果只见到颜色，感到气温而听不见什么，你就失去此诗的许多的美妙。这种声音的影响虽不易分析，但是细心总可以觉得出来。也许第一句的清脆淡远的风味是由"薄薄"叠字、首六字全用仄声以及“霭”“野”两个柔和而响亮的上声所传出来的，第二句的纡迟、阴森、幽静的风味是连用“幽”“风”“生”“丝”四个阴平声所传出来的。

再如李商隐的《锦瑟》：

锦瑟无端五十弦，一弦一柱思华年。庄生晓梦迷蝴蝶，望帝春心托杜鹃。沧海月明珠有泪，蓝田日暖玉生烟。此情可待成追忆，只是当时已惘然。

全诗以五、六两句为最精妙，但与上下文的联络似不明显，尤其是第六句像是表现一种和暖愉悦的气象，与悼亡的主旨不合。向来注者不明白诗与联想的道理，往往强为之说，闹得一塌糊涂。他们说“玉生烟，已葬也，犹言埋香瘗玉也”“沧海蓝田言埋韫而不得自见”“五六赋华年也”“珠泪玉烟以自喻其文采”（见朱鹤龄《李义山诗集笺注》萃文堂三色批本）。这些说法与上下文都讲不通。其实这首诗五、六两句的功用和三、四两句相同，都是表现对于死者消逝之后，渺茫恍惚，不堪追索的情境所起的悲哀。情感的本来面目各人只可亲领身受而不可直接地描写，如须传达给别人知道，须用具体的间接的意象来比拟。例如秦少游要传出他心里一点凄清迟暮的情感，不直说而用“杜鹃声里斜阳暮”的景致来描绘。李商隐的《锦瑟》也是如此。庄生、蝴蝶，固属迷梦；望帝、杜鹃，亦仅传言。珠未尝有泪，玉更不能生烟。但沧海月明，珠光或似泪影，蓝田日暖，玉霞或似轻烟。此种情景可以想象揣拟，断不可拘泥地求于事实。它们都如死者消逝之后，一切都很渺茫恍惚，不堪追索；如勉强追索，亦只“不见长安见尘雾”，仍是迷离隐约，令人生哀而已。所以第七句说“此情可待成追忆”。四句诗的佳妙不仅在唤起渺茫恍惚不堪追索的意象，尤在同时能以这些意象暗示悲哀。“望帝春心”和“月明珠泪”两句尤其显然。五、六两句胜似三、四两句，因为三、四两句实言情感，犹着迹象，五、六两句把想象活动区域推得更远、更渺茫、更精微。一首诗中的意象好比图画的颜色阴影浓淡配合在一起，烘托一种有情致的风景出来。李商隐和许多晚唐诗人的作品在技巧上很类似西方的象征派，都是选择几个很精妙的意象出来，以唤起读者的多方面的联想。这种联想有时切题，也有时不切题。就切题的方面说，“沧海月明”二句表现消逝渺茫的悲哀，如上所述。但我们平时读这两句诗时常忽略这切题的一方面，珠泪、玉烟两种意象本身已很美妙，我们的注意乃大半专注在这美妙的意象本身。从这个实例看，诗的意象有两重功用，一是象征一种情感，一是以本身的美妙打动心灵。这第二种功用虽是不切题的，却自有存在的价值。

从这些实例看，我们可以知道联想对于诗的重要。诗只是一个实例，其他艺术可以类推。比如欧洲纪元后第一世纪到十五世纪的图画雕刻大半以宗教故事为题材。那时候的画家和雕刻家有些是僧侣，有些是靠僧侣过活的，他们本来的用意在用艺术来宣传宗教。当时人民多不识字，不能读《圣经》，但是图画雕刻是有目共赏的，所以把《圣经》的故事用图画雕刻翻译出来。当时人看到这种图画和雕刻，立刻就联想到耶稣教的圣迹，美的欣赏只是附带的。我们现在把欧洲纪元后第一世纪到十五世纪一千多年的宗教艺术纯粹地当作艺术看，已失当时作者的本意。依极端的形式派学者的主张，我们应该把它纯粹地当作艺术看，把宗教的联想一齐丢开。这种办法实无异于丢开艺术的灵魂而专研究它的形体。罗马时代避难的教徒在地窟的壁上画一只羊，中世纪雕刻家在“哥特式”大教寺的门上雕一幕《创世纪》[①]或是文艺复兴时代意大利画家在僧院墙壁上画一幅《最后的晚餐》，他们动一刀一笔，都有宗教的热忱在驱遣。我们如果能联想起许多历史和宗教的知识，把当时产生那种艺术的背景和心理在想象里再造出来，对于那种艺术的了解不更深刻吗？所得的美感不更浓厚吗？不比只顾到一眼就看到的颜色、线纹的配合较进一层吗？欣赏不能不借助于联想，因为它不能不借助于了解。我们在前章已经说过，了解是欣赏的必有的预备，但不就是欣赏。联想也是如此。所以联想有助美感，与美感为形象的直觉两说并不冲突。在美感经验之中，精神须专注于孤立绝缘的意象，不容有联想，有联想则离开欣赏对象而旁迁他涉。但是这个意象的产生不能不借助于联想，联想愈丰富则意象愈深广，愈明晰。一言以蔽之，联想虽不能与美感经验同时并存，但是可以来在美感经验之前，使美感经验愈加充实。

来在美感经验之前的联想也不可以一概而论，有些可以帮助美感，有些可以扰乱美感。举一个很简单的例子来说明，比如林逋[②]的“疏影横斜水清浅，暗香浮动月黄昏”两句咏梅诗，把梅花的神理风韵都传出来了。它每个字都表现一个意象，每个意象都可以引起种种联想。如果单看“疏”字，我们可以联想到五服之外的亲属，或是“禹疏九河”，或是上皇帝的奏疏，其他仿此。在看这两

① 现通译为《创世记》。

② 林逋（967—1029），北宋诗人。字君复，钱塘（今浙江杭州）人。其诗风格淡远，内容多反映隐逸生活和闲适心情。有《林和靖先生诗集》。

句诗时，我们如果因“疏”字而起这些纷乱的联想，自然离诗太远。实际上我们并不起这些联想，因为“疏”字不是独立的，它与“影”字相联。这个“影”字引导我们对于“疏”字的联想只朝一个指定的方向走，就是“稀疏”的“疏”。“疏影”也可以引起无数的联想，如几株杨柳的疏影或是几个行人的疏影。在实际上我们也不这样联想，因为“疏影”也不是独立的，它是嵌在一首咏梅花诗里面，全诗字句语气都引导我们对于“疏影”的联想只朝一个指定的方向走，就是梅花的疏影。从此可知艺术作品中些微部分都与全体息息相通，都受全体的限制。全体有一个生命一气贯注，内容尽管复杂，都被这一气贯注的生命化成单整。这就是艺术上的“寓杂多于整一（variety in unity）”这条基本原理，也就是批评学家和心理学家所常争论的“想象（imagination）”和“幻想（fancy）”的分别。“幻想”是杂乱的，飘忽无定的，有杂多而无整一的联想，例如因“疏”字联想到“禹疏九河”“今年黄河水灾”“水灾捐”等。“想象”是受全体生命支配的有一定方向和必然性的联想，例如上文林逋的梅花诗所唤起的整个境界。联想在为幻想时有碍美感，在为想象时有助美感。

这个道理可以拿近代实验美学的结果来证明。英国心理学家布洛[①]试验各种人对于颜色的反应，发现有一类人偏好某种颜色，大半因为它所引起的联想。联想又有分别，比如同是青色，甲联想到草木，乙联想到他曾经喝过的青色药水。甲的联想带有几分客观性，因为多数人见到青色都联想到草木，乙的联想却全是主观的偶然的；所以甲比乙对于青色的反应较近于美感经验。但

---

① 布洛（1880—1934），出生在瑞士，英国心理学家、语言学家，“心理距离”学说的提出者。

是只是客观性一个条件还不够。如果甲真正对于青色得到美感，他的从联想内容（草木）得来的情感须能和从颜色本身（青色）得来的情感相融化，使颜色恰能表现联想内容的神髓。依布洛看，联想有“融化的（fused）”和“不融化的（non-fused）”两种。“融化的联想”就是上文所说的“想象”，可助美感；“不融化的联想”就是“幻想”，与美感无关。据剑桥大学马尧斯教授的实验，音乐也是如此。如果音乐所联想起的情景与音乐本身能融化成一气，它就能增大音乐所引起的美感，不比偶然的散漫的联想，有破坏美感意象孤立的毛病。

我们在第三章[①]里讲过移情作用和联想的关系。比如姜白石的“数峰清苦，商略黄昏雨”两句词是把山看成人，把人的情感移到山身上去，这实在还是一种类似联想，不过我们的意识不察觉到这种联想的进行而已。立普斯要说明移情作用不仅是类似联想，提出能“表现”和不能“表现”的分别。比如一座房子如果因为是亡友的住所，使你觉得它凄惨，那只是联想；如果它因为线纹、颜色的配合而使你觉得它凄惨，它就算是能“表现”凄惨的情感，就能起移情作用。立普斯所谓“表现”就是布洛所谓“融化”，甲物能“表现”乙物情感，就因为甲和乙能相“融化”成一整体，也就是因为由甲到乙的联想有必然关系，不仅出于幻想。

---

① 指《文艺心理学》的第三章，本书未选此章。

自然美与自然丑[①]

——自然主义与理想主义的错误

一

在日常语言中“美”“丑”两个字用来形容自然和用来形容艺术,简直没有分别。其实“自然美”和“自然丑”与“艺术美”和“艺术丑”应该分开来说。这种看法虽然与常识相冲突,但是要真正了解美的本质,我们必须把艺术的美丑和自然的美丑分清。本章先说自然美与自然丑的意义。

“自然”(nature)的意义本来很混。假古典派学者以为自然就是“真理”或“人性”,蒲柏[②](Pope)说“研究古人就是研究自然”,因为古人在他们的作品中已经把真理和人性表现得透辟无余了。现在一般人把“自然”看成与“人”相对的,人以外的事物,如天地星辰、山川草木、鸟兽虫鱼之类,统称为“自然”。有时“自然”与“人为”相对,人也归在“自然”里,人工所造作的就不是“自然”。但是这种意义也不十分精当,一片自然风景里也可以包括城郭楼台在内。我们现在姑且用一个最概括的意义,说自然就是现实世界,凡是感官所接触的实在的人和物都属于自然。

从来学者对于自然的态度可略分为两种,“自然主义

---

① 此章为《文艺心理学》第九章。

② 蒲柏(1688—1744),18 世纪英国最伟大的诗人之一。他的诗歌多采用“英雄双韵体”,词句公正、精练、富有哲理。代表作有《道德论文集》《人证》《夺发记》《顿西亚德》等。

(naturalism)”和“理想主义(idealism)”[注意:这专就对于自然的态度而言,不是指艺术的作风,所以这里所说的“自然主义”和法国小说家左拉所倡的“自然主义”是两回事。我们这种用法的根据是法国美学家拉罗(Lalo)的《美学导言》]。

自然主义起源比较近。各民族在原始时代对于自然都不是很能欣赏。应用自然景物于艺术,似以中国为最早,不过真正爱好自然的风气到陶潜、谢灵运的时代才逐渐普遍。《诗经》应用自然,和古代图画应用自然一样,只把它当背景或陪衬,所以大半属于“兴”,“兴”就是从观察自然而触动关于人事的情感。从晋唐以后,因为诗人、画家和僧侣的影响,赞美自然才变成一种风尚。在西方古代文艺作品中描写自然景物的非常稀罕。西方人爱好自然,可以说从卢梭起,浪漫派作家又加以推波助澜,于是“回到自然”的呼声便日高一日。

中国艺术家欣赏自然,和西方人欣赏自然似乎有一个重要的异点。中国人的“神”的观念很淡薄,“自然”的观念中虽偶杂有道家的神秘主义,但不甚浓厚。中国人对待自然是用乐天知足的态度,把自己放在自然里面,觉得彼此尚能默契相安,所以引以为快。陶潜的“众鸟欣有托,吾亦爱吾庐”“平畴交远风,良苗亦怀新”诸句最能代表这种态度。西方人因为一千余年的耶稣教的浸润,“自然”和“神”两种观念常相混合。他们欣赏自然,都带有几分泛神主义的色彩。人和自然仿佛是对立的。自然带着一种神秘性横在人的眼前,人捧着一片宗教的虔诚向它顶礼。神是无处不在的,整个自然都是神的表现,所以它不会有什么丑恶。在卢梭看,自然本来尽善尽美,有人于是有社会,有文化;有了社会和文化,丑恶就跟着来了。诗人华兹华斯也是这样想。他在一首诗里向书呆子们劝告:"站到光明里来,让自然做你的师保。""自然所赋予的智慧是甜蜜的,好事的理智把事物意义弄得面目全非,我们用解剖去残杀。"这种泛神主义的自然观决定了艺术家对于自然的态度。自然即是尽美尽善,最聪明的办法就是模仿自然。"模仿自然"本是西方艺术史中一个很古老的理想,古希腊人的艺术的定义就是"模仿",柏拉图反对艺术,就因为它只模仿感官世界。这种艺术观在历代都有攻击者和拥护者。近代作家中拥护"艺术模仿自然"说者以罗斯金①为最。依他看,人工造作的东西无论如何精巧,都不能比得上自然。他说:"我从来没有见过一座希腊女神的雕像,有一个血色鲜丽的英国姑娘的一半美。"最自然的就是最常见的,最常见的就是最美的。"凡是美的线形都是从自然中最常见的线形抄袭来的。"例如希腊有柱无墙平顶式的建筑是模仿剪去枝叶的树林,"哥特式"尖顶多雕饰的建筑是模仿连枝带叶的树林,罗马圆顶式的建筑是模仿天空和地平线。因此,罗斯金劝建筑家们到树林里去从自然研究建筑原理。自然既已尽美,所以艺术家模仿自然,最忌以己意加以选择。他说:"人在这个世界里所能成就的最伟大的事业,就是睁着眼睛去看,然后把所见到的东西老老实实地说出来。""完美的艺术都能返照全体自然,不完美的艺术才有所不屑,有所取舍。""纯粹主义者拣选精粉,感官主义者杂取秕糠,至于自然主义则兼容并包,是粉就拿来制糕饼,是草就拿来做床垫。"

罗斯金的论调并非孑然孤立的。法国古典派画家安格尔(Ingres)告诉他的学徒说:"你须去临摹,像一个傻子去临摹,像一

① 罗斯金(1819—1900),英国政论家、艺术评论家、画家。代表作有《近代画家》等。

个恭顺的奴隶去临摹你眼睛所见到的。”19 世纪法国雕刻家罗丹的《艺术论》也差不多和罗斯金一个鼻孔出气。他说:“我在什么地方学雕刻? 在深林里看树,在路上看云,在作业室里研究模型;我只是不在学校里学。”他劝我们说:“第一件要事就是坚信自然全美,记得这个原理,然后睁开眼睛去观察。”“我们的不幸都由于要跟着蠢人们去涂抹自然的本来面目。”他说他自己向来不曾有意地改变自然。“如果我要改变我所见到的,加以润饰,我必定不能做出有价值的东西。”左拉所提倡的自然主义虽专指艺术作风,与罗斯金的带有宗教色彩的自然主义有别,但对于艺术与自然的关系,见解亦颇相同。这种自然主义是写实主义的后身。它以为艺术像科学一样,应该是“实验的”,凡所描写都要拿出证据来,这种证据必定是自然所供给的。左拉看到他的小说《小酒店》编成剧本表演时,兴高采烈地说:“简直和真的一样! 人们来的来,去的去,有些坐在桌子旁边,有些站在柜台前面,简直就是一个小酒店的样子!”他这样扬扬自得,就因为觉得他的艺术妙肖自然。写实主义和自然主义现在虽已过去,它们的余波却仍未尽消灭。

在罗斯金、罗丹和一般自然主义者看,自然本来就尽美尽善,艺术家唯一的成功捷径就是模仿整个的自然,丝毫不用选择。这种理论显然有许多难点。美丑是相对的名词,有比较然后有美丑。如果把自然全体都看成一样美,就没有分别美丑的标准,就否认美丑有比较,那么,“美”也就漫无意义了。

艺术的功用如果在忠顺地模仿自然,既有自然,又何须艺术呢? 法国画家卢梭(Théodore Rousseau)有一次在山里临摹一棵大橡树,一个过路的乡下人问他在干什么,他很诧异地说:“你分明看见,我是在临摹那棵大橡树呀!”那位乡下人仍是莫名其妙,继续问他:“那有什么用处呢?橡树不是已经长在那儿吗?”波斯有一位画家画了一条鱼,自己很得意,一个乡下人见到,颇不以为然:“上帝造鱼都给它一条性命,你给它一个身体,不给它性命,这不是造孽吗?”这些乡下人的话看来虽愚蠢可笑,其实含有至理。艺术的功用原在弥补自然的缺陷,如果自然既已完美,艺术便成赘疣了。

妙肖自然并不是艺术的最高的成就,所以摄影不能代图画,蜡人不能代雕刻,电影不能代戏剧。如果妙肖自然是艺术的最高的成就,则艺术纵登峰造极,也终较自然为减色。什么音乐可以模仿急风迅雷,什么雕刻可以模仿高峰大海呢?画家塞尚告诉左拉说:“我本来也想临摹自然,但是终于做不到。我不能‘再造’太阳,但是我能‘表现’太阳,这对于我也就行了。”左拉自己是自然主义的领袖,他也承认“艺术作品只是隔着情感的屏障所窥透的自然一隅”。说“隔着情感的屏障”,便承认艺术不能离开作者的个性,说“自然一隅”便非抄袭自然全体。写实派以福楼拜的成就最大,他就这样地骂写实主义:

> 大家所共称的写实主义与我毫不相干,虽然他们硬要拉我做一个主教。自然主义者所追求的都是我所鄙视的,他们所喝彩的都是我所厌恶的。在我看来,技巧细节,地方掌故,以及事物在历史上的真确,都卑卑不足道,我所到处寻求的只是美。

从种种方面看,自然主义都是很难成立的。

二

与自然主义相对峙的是理想主义。在理想派看,自然并不全美,美与丑相对,有比较然后有美丑,美自身也有高下等差,艺术对于自然,应该披沙拣金,取长弃短。理想主义比自然主义较胜一筹,因为它虽不否认艺术模仿自然,却以为这种模仿并不是呆板的抄袭,须经过一番理想化。理想化有两种意义。一种是指凭着想象和情感,将自然事物重新加以组织、整理和融会贯通,使所得的艺术作品自成一种完整的有机体,其中部分与全体有普遍的必然的关联。因此,艺术作品虽自然(natural)却不是生糙的自然(nature),它表现出艺术家的理想性格和创造力。就这个意义说,理想主义是对的,凡是艺术都带几分理想性,因为它都带有几分创造性和表现性。这种见解发源于亚理斯多德。他在《诗学》里说诗比历史更是"哲学的"(意思是说更真),因是历史只记载已然的个别的事物,诗则须表现必然的普遍的真理,前者是模仿殊相,后者是模仿共相。用近代语言来翻译,他的意思是说历史只记载自然界繁复错乱的现象,诗和艺术则更进一层把自然现象后面的原理,用具体的形式表现出来。

后人误解亚理斯多德所说的"共相(universals)",以为"共相"就是"类型(type)",于是理想主义的另一种意义就起来了。所谓"理想(ideal)"就是"类型",类型就是最富于代表性的事物,"代表性"就是全类事物的共同性。依这一说,艺术所应该模仿的不是自然中任何事物而是类型。比如说画马,不能只着眼某一匹马,须把一切马的特征画出,使人看到所画的马便觉得一切的马都恰是这样。同理,艺术所表现的人物,都不应只能适合于某一时某一地,要使人随时随地都觉得它近情近理。如果“天下老鸦一般黑”,你画老鸦就一定把它画成黑的;纵然你偶然遇到白的或灰的老鸦,也千万不要理会它,因为那不是“类型”。这种理想主义在各种艺术的古典时代最流行。比如希腊造型艺术表现人物大半都经过两重理想化。第一,它选择模型,就着重本来已合理想的人物,男子通常都是力士,女子通常都是美人。第二,在表现本来已合理想的形体时,希腊艺术家又加上一重理想化,把普遍的精要的提出,个别的琐细的丢开。他们的女神和力士大半都有一个共同的模样(即类型)。个性是古典艺术所不甚重视的。文艺复兴时代意大利画家受希腊影响甚深,所以他们所表现的男子也大半魁梧奇伟,女子也大半明媚窈窕。17 世纪以后,在希腊时代出于艺术家本能的,在假古典派作家便变成一种很鲜明的主义。在诗的方面如布瓦洛和蒲柏,在画的方面如雷诺兹[1](Reynolds)和安格尔,在雕刻方面为温克尔曼[2](Winckelmann),都主张艺术忽略个性而侧重类型。

理想派的艺术在以往的很长时间很有势力,不过从浪漫主义和写实主义代兴以后,它就逐渐消沉了。近代艺术所着重的不是类型而是个性。在近代学者看,类型是科学和哲学对于具体事物加以抽象化的结果,实际上并不存在。艺术的使命在创造具体的形象,具体的形象都要有很明显的个性。一个模样可以套上一切人物时,就不能很精妥地适用于任何个别的人物。许多人物的共同性,在古典派认为精要,在近代人看,则不免粗浅、平凡、陈腐。

---

① 雷诺兹(1723—1792),18 世纪英国著名的学院派肖像画家,皇家美术学院创建人和第一任院长。作品有《希斯非德勋爵像》《约翰孙博士像》《西顿斯夫人像》。著有《演讲录》。

② 温克尔曼(1717—1768),德国考古学家、艺术史学家。代表作有《古代艺术史》。

鼻子是直的,眼睛是横的,这是古典派所谓“类型”。但是画家图容肖像,如果只把直鼻横眼一件平凡的事实表现出来,就不免千篇一律。画家的能事不在能把鼻子画得直,眼睛画得横,而在能表现每个直鼻子横眼睛所以异于其他直鼻子横眼睛的。莎士比亚的夏洛克(Shylock),莫里哀的阿尔巴贡(Harpagon),巴尔扎克的葛朗台(Grandet),以及吴敬梓的严贡生都是守财奴,却各有各的本色特性,所以都很新鲜生动。如果艺术只模仿类型,则从莎士比亚创造夏洛克之后,一切文学家都可以搁笔,不用再写守财奴了。

粗浅、平凡和陈腐都是艺术所切忌的。诗人维尼[①](Alfred de Vigny)在《牧羊人的屋》里说:

> 爱好你所永世不能见到两回的。

象征派诗人魏尔兰[②](Verlaine)也说:

> 不要颜色!只要毫厘之差的阴影!

这些劝告在近代人心里已留下很深的印痕。在文艺趣味方面,人类心灵欢喜到精深微妙的境界去探险,从前人的“类型”和普遍性已经不能引人入胜了。

---

① 维尼(1797—1863),法国浪漫主义诗人、小说家、戏剧家。主要作品有《摩西》《爱洛亚》《洪水》等诗,还写有历史小说《森-马尔斯》和剧本《夏特东》等。

② 现译为魏尔伦(1844—1896),法国象征主义诗人,其诗歌以优雅、精美且富有音乐性而著称。代表作有《感伤集》《无言之歌》《智慧集》《平行集》等。

三

从表面看，自然主义和理想主义似乎相反，其实它们都承认自然中原来就有所谓的“美”，所不同者在于自然主义以为美在自然全体，理想主义以为美仅在类型。它们都以为艺术美是自然美的拓本，所不同者自然主义忌选择，理想主义则重选择。理想主义仍重模仿，所以在实际上仍是一种精练的自然主义。德拉库瓦教授在他的《艺术心理学》里有一段话批评这两种不同的艺术观，说得很精当：

> 写实主义和理想主义有一个共同的假设：艺术是天生自在的，或是在经验的实在界里，或是在超经验的实在界里。艺术家的能事只在把现成的提取出来。其实艺术永不会是天生自在的，无论是经验的或是超经验的实在界里都没有现成的艺术。艺术就是创造，是人力。艺术的意象向来不是自然事物的拓本，它是艺术家创造出来熔化事物的。人把所见到的形象摆在心里反省一过，加以意匠经营，融会贯通，然后把心中所得的图画外射出去，使它具有形体。这是人的作品实现于外物界，并非自然本身的作品。

这番道理是自然主义和理想主义所共同忽视的。自然只是死物质，艺术却须使这种死物质具有生动的形式。自然好比生铁，艺术作品则为熔铸锤炼而成的钟鼎。艺术家的心灵就是熔铸的洪炉和锤炼的铁斧。熔铸锤炼之后才有形式，才有美。艺术不但不模仿自然，并且还要变化自然，所以如果我们用模仿自然的标准去衡量艺术,没有一件上流作品不露有几分不自然。我们在说“距离”时已举过许多实例,现在再引歌德和爱克曼的谈话来说明艺术改变自然的道理。歌德有一天拿一幅吕邦斯(Rubens)的木刻画给爱克曼看,让他指出画的好处。

歌德——你看这画中的事物,像羊群、草车、马、回家的工人等,光线是从哪一方来的?

爱克曼——光线是从我们这方投影到画的里层去的。回家的工人们都在最丰满的光线里,这样产生的印象顶好。

歌德——你看这种好印象是怎样产生的?

爱克曼——因为背景阴暗,所以人物愈显得明显。

歌德——那阴暗的背景是怎样画出来的?

爱克曼——人物旁边有一丛树投射一片很浓的阴影,所以背景显得阴暗。呃,这倒有些奇怪!人物由我们这方投影到画的里层去,而树林却由画的里层投影到我们这方来。光线从两个相反的方向发出来。这种办法绝对地与自然相反了。

歌德(微笑)——要点就在这里。这些地方正显出吕邦斯是一位大画家,显出他的自由心灵能超越自然,使自然迁就他的卓越的心裁。那两重光线实在是违背自然,你的话不错,但是它虽然是反乎自然,却也是超乎自然。我说它是大画家的大胆的笔法,他用天才证明艺术不全受自然所定下的必然法则所奴使,但自有它的特殊法则。……艺术家对于自然有两重关系,他同时是自然的主人和奴隶。他是它的奴隶,因为他必须使用人世的工具,才能叫人懂得;他是它的主人，因为他奴使这些人世的工具，使它们效用于他的卓越的心裁。艺术家要使观众见到一种总印象，这种总印象在自然中寻不着，它是他自己的心的产品，或者说，他的心被一股灵气所鼓动的结果。如果我们随意浏览这张画，里面一切事物都使我们觉得自然，觉得它仿佛是自然的拓本。这样美的画在自然中向来见不着，普尚[1]（Poussin）和劳冉[2]（Claude Lorrain）的风景画也是如此，我们都觉得它们自然，但是在自然中却寻不着它们。

歌德的这番话把艺术和自然的关系很具体地指出，像他的许多关于文艺的话一样，是最值得寻思的。凡是真正艺术都极自然，但都不是自然的拓本，因为在自然中见不着它。

如果艺术的功用在于模仿自然，则自然美一定产生艺术美，自然丑也一定产生艺术丑。但是事实与此恰相反。自然美可以化为艺术丑，许多香水、纸烟广告上的美人画就是好例。以人而论，面孔倒还端正，眉目倒还清秀；以画而论，则大半恶劣不堪。自然丑也可以化为艺术美。莎士比亚的全部悲剧都描写恶人和恶事，莫里哀的全部喜剧都描写丑人和丑事，但在艺术上都是登峰造极的作品。从前艺术家大半都怕用丑材料，近代艺术家才知道化自然丑为艺术美为难能可贵。荷兰画家冉伯让[3]欢喜描写老朽，西班牙画家浮勒斯克兹欢喜描写残废。雕刻家罗丹和爱朴斯

---

① 现译为普桑（1594—1665），法国画家，17 世纪法国古典主义绘画的奠基人。代表作有《酒神祭的狂欢》《亚卡弟亚的牧人》《波利费姆》等。

② 现译为洛兰（1600—1682），法国画家。他的作品奠定了古典主义风景画的特色。代表作有《圣乌苏拉出发》《欧罗巴被劫》《有水车的小屋风景》等。

③ 现译为伦勃朗。

丹(Epstein)尤其欢喜用丑陋的模型。罗丹说：

> 俗人往往以为现实世界中他们所公认为丑的东西都不是艺术的材料。他们想禁止我们表现他们所不欢喜的自然事物。这其实是大错。在自然中人以为丑的东西在艺术可以变成极美。人以为丑的事物不外是残废、羸弱，令人联想到疾病，不合康强原则的，例如矮子、跛子、破烂的穷人、恶人、罪人、不道德的人以及扰乱社会的、失常态的人所有的性格和行为，弑亲者、叛国者和不问良心的野心家等，都是丑的。这些人物只能撞灾惹祸，大家给他们一个罪名，本很合理。但是大艺术家们和大文学家们对于这些丑人物却仍一律采用。他们仿佛有幻术家的魔棍，能化丑为美：这是一种点金术，一剂仙方。

从以上所引的事实和理论看，我们可以得到两个结论：

一、艺术的美丑和自然的美丑是两回事。

二、艺术的美丑不是模仿自然的美丑所得来的。

四

我们说“自然美”和“自然丑”时，“美”和“丑”的意义究竟如何呢？它不外下列两种：

一、“美”是使人发生快感的，“丑”是使人发生不快感的。例如论简单的线形，有规律的曲线美，无规律的曲线丑；论简单的颜色，饱和的红色美，不饱和的红色丑；论简单的音调，和谐的美，嘈杂的丑。这种分别完全起于生理作用。外物刺激感官时，如果适合生理构造,我们便愉快,便觉得它美,否则便不愉快,便觉得它丑。艺术常利用这种自然美,但是它本身不就是艺术美。许多单调的音乐,听起来很悦耳,但是不能引起深刻的情绪。许多颜色调和的图画,看起来很爽快,但是毫无意味。许多甜蜜的小说,读起来暂时很快意,但是毫无艺术价值。

二、"美"是事物的常态,"丑"是事物的变态。说"自然美"和"自然丑"时,通常大半用这个意义。法国学者孟德斯鸠有一段话把这个意义解释得最清楚:

> 毕非尔神父说美就是最普遍的东西集合在一块所成的。这个定义如果解释起来,实在是至理名言。他举例说,美的眼睛就是大多数眼睛都像它那副模样的,口鼻等也是如此。这并非说丑的鼻子不比美的鼻子更普遍,但是丑的种类繁多,每种丑的鼻子却比美的鼻子为数较少。这正像一百人之中如果有十人穿绿衣,其余九十人的衣服颜色都彼此不同,则绿衣终于最占势力一样。

比如说鼻子,它通常都是从上面逐渐高到下面,所以最美的鼻子如"悬胆"。如果鼻子上下一样粗细如腊肠,或是鼻孔朝天,那就太稀奇古怪了。稀奇古怪便是失常态。通常人说一件事物丑,其实不过是因为它稀奇古怪。宋玉描写理想的美人说:"增之一分则太长,减之一分则太短,著粉则太白,施朱则太赤。"凡美的事物都安不上"太"字,一安上"太"字就不免有些丑了。"太"就是超过常态,就是稀奇古怪。

人物都以常态为美。健全是人体的常态,耳聋、口吃、面麻、颈肿、背驼、足跛等都不是常态,所以显得丑。一般生物的常态是生气蓬勃,活泼灵巧,所以就自然美而论,猪不如狗,鱼不如蛇,樗[①]不如柳,老年人不如少年人。非生物也是如此。山的常态是巍峨,所以巍峨最易显出山的美;水的常态是浩荡明媚,所以浩荡明媚最易显出水的美。同理,花宜清香,月宜皎洁,春风宜温和,秋风宜凄厉。常态所以使人觉得美,与实用观念有关。凡是一种形状或性质在全类事物中最普遍,它对于该类事物一定有特殊利益,这也还是应用生物学上"适者生存"一条原理。例如康健圆满是人体美的要件,多病多愁的脆弱的女子有时也显得美,这并不能打破原则,因为女子惹人怜才易惹人爱,脆弱对于女子还是有生物的特殊功能。康德以为自然美很少有纯粹的,就因为自然事物易引起实用的联想,由实用联想而觉到事物美(例如由康健而觉到人体美),那种美只能算是"有依赖的"。这第二种意义的"自然美"有时也为艺术所利用。它就是古典主义所推尊的"类型"。但是它与艺术究竟有别。许多描写类型的作品都很平凡、粗浅、陈腐,可以为证。

① 樗(chū):①臭椿。②喻无用之才,亦作自谦之辞。亦称"樗材"。

什么叫作美[①]

一

艺术的美丑既不是自然的美丑,它们究竟是什么呢?

有人问圣·奥古斯丁[②]:“时间究竟是什么?”他回答说:“你不问我,我本来很清楚地知道它是什么;你问我,我倒觉得茫然了。”世间许多习见周知的东西都是如此,最显著的就是“美”。我们天天都应用这个字,本来不觉得它有什么难解,但是哲学家们和艺术家们摸索了两三千年,到现在还没有寻到一个定论。听他们的争辩,我们不免越弄越糊涂。我们现在研究这个似乎易懂的字何以实在那么难懂。

我们说花红、胭脂红、人面红、血红、火红、衣服红、珊瑚红等,红是这些东西所共有的性质。这个共同性可以用光学分析出来,说它是光波的一定长度和速度刺激视官所生的色觉。同样地,我们说花美、人美、风景美、声音美、颜色美、图画美、文章美等,美也应该是所形容的东西所共有的属性。这个共同性究竟是什么呢?美学却没有像光学分析红色那样,把它很清楚地分析出来。

美学何以没有做到光学所做到的呢?美和红有一个重要的分别。红可以说是物的属性,而美很难说完全是物的属性。比如

---

① 此章为《文艺心理学》第十章。

② 圣·奥古斯丁(354—430),亦译“奥古斯丁”“奥斯定”。古罗马基督教思想家,教父哲学的主要代表。著有《忏悔录》《论上帝之城》等。

一朵花本来是红的,除开色盲,人人都觉得它是红的。至于说这朵花美,各人的意见就难得一致。尤其是比较新比较难的艺术作品不容易得一致的赞美。假如你说它美,我说它不美,你用什么精确的客观的标准可以说服我呢?美与红不同,红是一种客观的事实,或者说,一种自然的现象,美却不是自然的,多少是人凭着主观所定的价值。"主观"是最分歧、最渺茫的标准,所以向来对于美的审别,和对于美的本质的讨论,都非常分歧。如果人们对于美的见解完全是分歧的,美的审别完全是主观的、个别的,我们也就不把美的性质当作一个科学上的问题。因为科学目的在于杂多现象中寻求普遍原理,普遍原理都有几分客观性,美既然完全是主观的,没有普遍原理可以统辖它,它自然不能成为科学研究的对象了。但是事实又并不如此。关于美感,分歧之中又有几分一致,一个东西如果是美的,虽然不能使一切人都觉得美,却能使多数人觉得美。所以美的审别究竟还有几分客观性。

研究任何问题,都须先明白它的难点所在,忽略难点或是回避难点,总难得到中肯的答案。美的问题难点就在它一方面是主观的价值,一方面也有几分是客观的事实。历来讨论这个问题的学者大半只顾到某一方面而忽略另一方面,所以寻来寻去,终于寻不出美的真面目。

大多数人以为美纯粹是物的一种属性,正犹如红是物的另一种属性。换句话说,美是物所固有的,犹如红是物所固有的,无论有人观赏或没有人观赏,它永远存在那里。凡美都是自然美。从这个观点研究美学者往往从物的本身寻求产生美感的条件。比如就简单的线形说,柏拉图以为最美的线形是圆和直线,画家霍加斯(Hogarth)以为它是波动的曲线,据德国美学家斐西洛

(Fechner)的实验，它是一般画家所说的“黄金分割(golden section)”即宽与长成1与1.618之比的长方形。古希腊哲学家毕达哥拉斯(Pythagoras)以为美的线形和一切其他美的形象都必显得“对称(symmetry)”，至于对称则起于数学的关系，所以美是一种数学的特质。近代数学家莱布尼兹也是这样想，比如我们在听音乐时都在潜意识中比较音调的数量的关系，和谐与不和谐的分别即起于数量的配合匀称与不匀称。画家达·芬奇以为最美的人颜面与身材的长度应成一与十之比。每种艺术都有无数的传统的秘诀和信条，我们只略翻阅讨论各种艺术技巧的书籍，就可以看出在物的本身寻求美的条件的实例多至不胜枚举。这些条件也有为某种艺术所特有的，如上述线形美诸例；也有为一切艺术所共有的，如“寓整齐于变化(unity in variety)”“全体一贯(organic unity)”“入情入理(verisimilitude)”诸原则。一般人都以为一件事物如果使人觉得美时，它本身一定具有上述种种美的条件。

美的条件未尝与美无关，但是它本身不就是美，犹如空气含水分是雨的条件，但空气中的水分却不就是雨。其次，就上述线形美实验看，美的条件也言人人殊；就论各种艺术技巧的书籍看，美的条件是数不清的。把美的本质问题改为美的条件问题，不但是离开本题，而且愈难从纷乱的议论中寻出一个合理的结论。具有美的条件的事物仍然不能使一切人都觉得美。知道了什么是美的条件，创作家不就因而能使他的作品美，欣赏家也不就因而能领略一切作品的美。从此可知美不能完全当作一种客观的事实，主观的价值也是美的一个重要的成因。这就是说，艺术美不就是自然美，研究美不能像研究红色一样，专门在物本身着眼，同时还要着重观赏者在所观赏物中所见到的价值。我们只问“物本身如何才是美”还不够，另外还要问“物如何才能使人觉到美”或是“人在何种情形之下才估定一件事物为美”？

二

以上所说的在物本身寻求美的条件，是把艺术美和自然美混为一事，把美看成一种纯粹的客观的事实。此外有些哲学家专从价值着眼。所谓“价值”都是由于物对于人的关系所发生出来的。比如说“善(good)”是人从伦理学、经济学种种实用观点所定的价值，“真(truth)”是人从科学和哲学观点所定的价值。“美”本来是人从艺术观点所定的价值，但是美学家们往往因为不能寻出美的特殊价值所在，便把它和“善”或“真”混为一事。

“善”的最浅近的意义是“用(useful)”。凡是善，不是对于事物自身有实用，就是对于人生社会有实用。就广义说，美的嗜好是一种自然需要的满足，也还算是有用，也还是一种善。不过就狭义说，美并非实用生活所必需，与从实用观点所见到的“善”是两种不同的价值。许多人却把美看作一种从实用观点所见到的善。我们在第二章[①]里所说的海边农夫以为门前海景不如屋后一园菜美，是以有用为美的最好的实例。在色诺芬[②](Xenophon)的《席上谈》里有一段关于苏格拉底的趣事。有一次希腊举行美男子竞赛，当大家设筵庆贺胜利者时，苏格拉底站起来说最美的男子应该是他自己，因为他的眼睛像金鱼一样突出，最便于视；他的鼻孔阔大朝天，最便于嗅；他的嘴宽大，最便于饮食和接吻。这段

① 指《文艺心理学》的第二章，本书未选此章。

② 色诺芬(约前440—约前355或前354)，古希腊历史学家、作家，苏格拉底的弟子。

故事对于美学有两重意义:第一,它显示一般人心中所以为美的大半是指有用的;第二,它也证明以实用标准定事物的美丑,实在不是一种精确的办法。苏格拉底所自夸的突眼、朝天鼻孔和大嘴虽然有用,仍然不能使他在美男子竞赛中得头等奖。

我们在讨论文艺与道德时,也提到许多人想把"美的"和"道德的"混为一事,我们的结论是这两种属性虽有时相关而却不容相混。现在我们无须复述旧话,只作一句总结说:"美"和"有用的""道德的"各种"善"都有分别。

有一派哲学家把"美"和"真"混为一事。艺术作品本来脱离不去"真",所谓"全体一贯""入情入理"诸原则都是"真"的别名。但是艺术的真理或"诗的真理(poetic truth)"和科学的真理究竟是两回事。比如但丁的《神曲》或曹雪芹的《红楼梦》所表现的世界都全是想象的、虚构的,从科学观点看,都是不真实的。但是在这虚构的世界中,一切人物情境仍是入情入理,使人看到不觉其为虚构,这就是"诗的真理"。凡是艺术作品大半是虚构(fiction),但同时也都是名学家所说的假然判断(Hypothetical Judgment)。例如"泰山为人"本不真实,但是"若泰山为人,则泰山有死"则有真实。艺术的虚构大半也是如此,都可以归纳成"若甲为乙,则甲为丙"的形式,我们不应该从科学观点讨论甲是否实为乙,只应问在"甲为乙"的假定之下,甲是否有为丙的可能。柏拉图和亚理斯多德的争执即起于此种分别。柏拉图见到"甲为乙"是虚构,便说诗无真理;亚理斯多德见到"若甲为乙,则甲为丙"在名学上仍可成立,所以主张诗自有"诗的真理"。我们承认一切艺术都有"诗的真理",因为假然判断仍有必然性与普遍性;但是否认"诗的真理"就是科学的真理,因为假然判断的根据是虚构的。

我们所说的不分美与真的哲学家们所指的“真”，并非“诗的真理”而是科学或哲学的真理。多数唯心派哲学家都犯了这个毛病，尤其是黑格尔。据他说，“概念（idea）从感官所接触的事物中照耀出来，于是有美”，换句话说，美就是个别事物所现出的“永恒的理性”。美的特质为“无限（infinitude）”和“自由（freedom）”。自然是有限的，受必然律支配的，所以在美的等差中位置最低。同是自然事物所表现的“无限”和“自由”也有程度的差别，无生物不如生物，生物之中植物不如动物，而一般动物又不如人，美也随这个等差逐渐增高。最无限、最自由的莫如心灵，所以最高的美都是心灵的表现。模仿自然，绝不能产生最高的美，只有艺术里面有最高的美，因为艺术纯是心灵的表现。艺术与自然相反，它的目的就在超脱自然的限制而表现心灵的自由。它的位置高低就看它是否完全达到这个目的。诗纯是心灵的表现，受自然的限制最少，所以在艺术中位置最高；建筑受自然的限制最多，所以位置最低。

英国学者司特斯（Stace）在他的《美的意义》里附和黑格尔的学说而加以发挥。在他看，美也是概念的具体化。概念有三种：一种是“先经验的（A Priori Concepts）”，即康德所说的“范畴”，如时间、空间、因果、偏全、肯否等，为一切知觉的基础，有它们才能有经验。一种是“后经验的知觉的概念（Empirical Perceptual Concepts）”，如人、马、黑、长等。想到这种概念时，心里都要同时想到它们所代表的事物，所以不能脱离知觉。它们是知觉个别事物的基础，例如知觉马必用“马”的概念。另一种是“后经验的非知觉的概念（Empirical Nonperceptual Concepts）”，例如“自由”

"进化""文明""秩序""仁爱""和平"等。我们想到这些概念时，心中不必同时想到它们所代表的事物，所以是"非知觉的"，游离不着实际的。这种"后经验的非知觉的概念"表现于可知觉的个别事物时，于是有美。无论是自然或是艺术，在可以拿"美"字来形容时，后面都写有一种理想。不过这种理想须与它的符号(即个别事物)融化成天衣无缝，不像在寓言中符号和意义可以分立。

哲学家讨论问题，往往离开事实，架空立论，使人如堕五里雾中。我们常人虽无方法辩驳他们，心里却很知道自己的实际经验，并不像他们所说的那么一回事。美感经验是最直接的，不假思索的。看罗丹的《思想者》雕像，听贝多芬的交响曲，或是读莎士比亚的悲剧，谁先想到"自由""无限"种种概念和理想，然后才觉得它美呢？"概念""理想"之类抽象的名词都是哲学家们的玩意儿，艺术家们并不在这些上面劳心焦思。

三

统观以上种种关于美的见解，可以粗略地分为两类。一类是信任常识者所坚持的，着重客观的事实，以为美全是物的一种属性，艺术美也还是一种自然美，物自身本来就有美，人不过是被动的鉴赏者。一类是唯心派哲学家所主张的，着重主观的价值，以为美是一种概念或理想，物表现这种概念或理想，才能算是美，像休谟在他的《论文集》第二十二篇中所说的："美并非事物本身的属性，它只存在观赏者的心里。"我们已经说过，这两说都很难成立。如果美全在物，则物之美者人人应觉其为美，艺术上的趣味不应有很大的分歧；如果美全在心，则美成为一种抽象的概念，它何必附丽于物，固是问题，而且在实际上，我们审美并不想到任何抽象的概念。

我们介绍唯心派哲学家对于美的见解时,没有谈到康德,康德是同时顾到美的客观性与主观性两方面的,他的学说可以用两条原则概括起来:

一、美感判断与名理判断不同,名理判断以普泛的概念为基础,美感判断以个人的目前感觉为基础,所以前者是客观的,后者是主观的。

二、一般主观的感觉完全是个别的,随人随时而异。美感判断虽然是主观的,同时却像名理判断有普遍性和必然性。这种普遍性和必然性纯赖感官,不借助于概念。物使我觉其美时,我的心理机能(如想象、知解等)和谐地活动,所以发生不沾实用的快感。一人觉得美的,大家都觉得美(即所谓美感判断的必然性和普遍性),因为人类心理机能大半相同。

康德超出一般美学家,因为他抓住问题的难点,知道美感是主观的,凭借感觉而不假概念的;同时却又不完全是主观的,仍有普遍性和必然性。依他看,美必须借心才能感觉到,但物亦必须具有适合心理机能一个条件,才能使心感觉到美。不过康德对于美感经验中的心与物的关系似仍不甚了解。据他的解释,一个形象适合心理机能,与一种颜色适合生理机能,并无分别;心对美的形象,和视官对美的颜色一样,只处于感受的地位。这种感受是直接的,所以康德走到极端的形式主义,以为只有音乐与无意义的图案画之类,纯以形式直接地打动感官的东西才能有“纯粹的美”,至于带有实用联想的自然物和模仿自然的艺术都只能具有“依赖的美”。因为它们不是纯粹由感官直接感受而要借助于概念的。这种学说把诗、图画、雕刻、建筑一切含有意义或实用联想的艺术以及大部分自然都摈诸“纯粹的美”范围之外，显然不甚圆满。他所以走到极端的形式主义者，由于把美感经验中的心看作被动的感受者。

美不仅在物，亦不仅在心，它在心与物的关系上面；但这种关系并不如康德和一般人所想象的，在物为刺激，在心为感受；它是心借物的形象来表现情趣。世间并没有天生自在、俯拾即是的美，凡是美都要经过心灵的创造。我们在第一章[①]已详细分析过，在美感经验中，我们须见到一个意象或形象，这种“见”就是直觉或创造；所见到的意象须恰好传出一种特殊的情趣，这种“传”就是表现或象征；见出意象恰好表现情趣，就是审美或欣赏。创造是表现情趣于意象，可以说是情趣的意象化；欣赏是因意象而见情趣，可以说是意象的情趣化。美就是情趣意象化或意象情趣化时心中所觉到的“恰好”的快感。“美”是一个形容词，它所形容的对象不是生来就是名词的“心”或“物”，而是由动词变成名词的“表现”或“创造”，这番话较笼统，现在我们把它的含义抽绎出来。

第一，我们这样地解释美的本质，不但可以打消美本在物及美全在心两个大误解，而且可以解决内容与形式的纠纷。从前学者有人主张美与内容有关，有人以为美全在形式，这问题闹得天昏地暗，到现在还是莫衷一是。“内容”“形式”两词的意义根本就很混沌，如果它们在艺术上有任何精确的意义，内容应该是情趣，形式应该是意象：前者为“被表现者”，后者为“表现媒介”。“未表现的”情趣和“无所表现的”意象都不是艺术，都不能算是

① 指《文艺心理学》的第一章，本书未选此章。

美，所以“美在内容抑在形式”根本不成为问题。美既不在内容，也不在形式，而在它们的关系——表现——上面。

其次，我们这种见解看重美是创造出来的，它是艺术的特质，自然中无所谓美（“自然美”一词另有意义，详见第九章[①]）。在觉自然为美时，自然就已告成表现情趣的意象，就已经是艺术品。比如欣赏一棵古松，古松在成为欣赏对象时，绝不是一堆无所表现的物质，它一定变成一种表现特殊情趣的意象或形象。这种形象并不是一件天生自在、一成不变的东西。如果它是这样，则无数欣赏者所见到的形象必定相同。但在实际上甲与乙同在欣赏古松，所见到的形象却甲是甲乙是乙，所以如果两个人同时把它画出，结果是两幅不同的图画。从此可知各人所欣赏到的古松的形象其实是各人所创造的艺术品。它有艺术品所常具的个性，因为它是各人临时临境的性格和情趣的表现。古松好比一部词典，各人在这部词典里选择一部分词出来，表现他所特有的情思，于是有诗，这诗就是各人所见的古松的形象。你和我都觉得这棵古松美，但是它何以美？你和我所见到的却各不相同。一切自然风景都可以作如是观。陶潜在“悠然见南山”时，杜甫在见到“造化钟神秀，阴阳割昏晓”时，李白在觉得“相看两不厌，只有敬亭山”时，辛弃疾在想到“我见青山多妩媚，青山见我应如是”时，都觉得山美，但是山在他们心中所引起的意象和所表现的情趣都是特殊的。阿米儿（Amiel）说“一片自然风景就是一种心境”，唯其如此，它也就是一件艺术品。

第三，离开传达问题而专言美感经验，我们的学说否认创造

① 即《自然美与自然丑》一章。

和欣赏有根本上的差异。创造之中都寓有欣赏,欣赏之中也都寓有创造。比如陶潜在写"采菊东篱下,悠然见南山"那首诗时,先在环境中领略到一种特殊情趣,心里所感的情趣与眼中所见的意象猝然相遇,默然相契。这种契合就是直觉、表现或创造。他觉得这种契合有趣,就是欣赏。唯其觉得有趣,所以他借文字为符号把它留下印痕来,传达给别人看。这首诗印在纸上时只是一些符号。我如果不认识这些符号,它对于我就不是诗,我就不能觉得它美。印在纸上的或是听到耳里的诗还是生糙的自然,我如果要觉得它美,一定要认识这些符号,从符号中见出意象和情趣,换句话说,我要回到陶潜当初写这首诗时的地位,把这首诗重新在心中"再造"出来,才能够说欣赏。陶潜由情趣而意象而符号,我由符号而意象而情趣,这种进行次第先后容有不同,但是情趣意象先后之分究竟不甚重要,因为它们在分立时艺术都还没有成就,艺术的成就在情趣意象契合融化为一整体时。无论是创造者或是欣赏者都必须见到情趣意象混化的整体(创造),同时也都必觉得它混化得恰好(欣赏)。

最后,我们的学说肯定美是艺术的特点。这是一般常识所赞助的结论,我们所以特别提出者,因为从托尔斯泰以后,有一派学者以为艺术与美毫无关系。托尔斯泰把艺术看成一种语言,是传达情感的媒介。这种见解与现代克罗齐、理查兹诸人的学说颇有不谋而合处。就"什么叫作艺术"这个问题的答案说,托尔斯泰实在具有特殊见解。他的错误在没有懂得"什么叫作美",他归纳许多19世纪哲学家所下的美的定义说:"美是一种特殊的快感。"他接受了这个错误的美的定义,看见它与"艺术是传达情感的媒介"这个定义不相容,便说艺术的目的不在美。近来美国学者杜卡斯

(Ducasse)在他的《艺术哲学》里附和托尔斯泰,也陷于同样的错误。托尔斯泰和杜卡斯等人忘记情感是主观的,必客观化为意象,才可以传达出去。情趣和意象相契合混化,便是未传达以前的艺术,契合混化的恰当便是美。察觉到美寻常都伴着不沾实用的快感,但是这种快感是美的后效,并非美的本质。艺术的目的直接地在美,间接地在美所伴的快感。

四

如果“美”的性质不易明白,“丑”的定义更难下得精确。“美”字反过来是“不美”,“不美”却不一定就是“丑”。许多事物不能引起我们的好恶,我们对于它们只是漠不关心,它们对于我们也只是不美不丑。所以在美学中,“丑”不完全是消极的,应该有一种积极的意义。它的积极的意义是什么呢?

一般人所说的丑大半不外指第九章所说的“自然丑”的两种意义。它或是使人生不快感,如无规律的线形和嘈杂的声音;或是事物的变态,如人的残缺和树的臃肿。我们已经见过,这两种意义的“丑”与“艺术丑”之“丑”应该有分别,因为这些自然丑都可以化为艺术美。

此外“丑”对于一般人也许还另有一个意义,就是难了解欣赏的美。一位英国老太婆看见埃及的金字塔,很失望地说:“我向来没有见过比它更丑拙的东西!”一般人的艺术趣味大半是传统的、因袭的,他们对于艺术作品的反应,通常都沿着习惯养成的抵抗力最小的途径走。如果有一种艺术作品和他们的传统观念和习惯反应格格不入,那对于他们就是丑的。凡是新兴的艺术风格在初出世时都不免使人觉得丑,假古典派对于“哥特式(gothic)”艺术的厌恶,以及许多其他史例,都是明证。但是这种意义的"丑"起于观赏者的弱点,并非艺术本身的"丑"。

我们所要明白的就是艺术本身的"丑"究竟是怎么一回事。这个问题为许多近代美学家所争辩过。据克罗齐说:美是"成功的表现(successful expression)",丑是"不成功的表现(unsuccessful expression)"。这两句结论中第一句是我们所承认的,但是第二句关于"丑"的话却有一个大难点。把"丑"和"美"都摆在美学范围里并论时,就是承认"丑"和"美"同样是一种美感的价值。但是"不成功的表现"就不算是艺术,就是美感经验以外的东西,那么,"丑"(美感经验以外的价值)就不能和"美"(美感经验以内的价值)并列在同一个范围里面了。换句话说,是艺术就必定是美的,艺术范围之内不能有所谓"丑"。"艺术丑"这个名词就不能成立。如果我们全部接受克罗齐的美学,势必走到这种困境,因为克罗齐把美看成绝对的价值,不容有程度上的比较。

英国美学家鲍申葵在他的《美学三讲》里把这个困难说得最清楚:

> 情感表现于形象,于是有美。一件事物与美相冲突,或产生一种影响与美的影响恰相反者——这就是我们所谓的丑——它自身不是有表现性的形象,就是没有表现性的形象。如果它是没有表现性的形象,那么,就美感说,它就没有什么意义。如果它是有表现性的形象,那么,它就寓有一种情感,就落到美的范围以内了。

依鲍申葵说,丑的形象须同时似有表现性而实无表现性。它好像是表现一种情感,但是实在没有把它表现出来。它把想象引到一个方向去,同时又把想象的去路打断,好比闪烁很快的光,刚引起视觉活动,马上就强迫它停住,所以引起失望与不快感。有心要露出有表现性的样子,而实在空洞无所表现,于是有丑,所以丑只可以在虚伪的矫揉造作、貌似神非的艺术里发现。自然中不能有这种意义的丑,因为自然不能像人一样,有意地做表现的尝试。

依我们看,鲍申葵虽然明白"丑"的问题难点,他的答案却仍不甚圆满,因为他没有见到似有表现性而实无表现性的东西究竟还不是"表现"或艺术。既不是表现或艺术,它就要落到以讨论表现或艺术为职务的美学范围以外了。这种困难根本是从价值问题来的。如果承认美的价值是绝对的,那么,一个形象或有表现性,或无表现性。有表现性就是美,否则就只是"不美","丑"字在美学中便无地位。如果承认美的价值是有比较的,则表现在"恰到好处"这个理想之下可以有种种程度上的等差。愈离"恰到好处"的标准点愈远就愈近于丑。依这一说,"丑""美"一样是美感范围以内的价值,它们的不同只是程度的而不是绝对的。我们相信这个解释是美丑问题难关的唯一出路。

悲剧的喜感[①]

莎士比亚曾经说过,世界只是一座舞台,生命只是一个可怜的演员。从另一意义说,这种比拟是不甚精确的。若是堕楼的是你自己的绿珠[②],无辜受祸的是你自己的苔丝狄蒙娜[③],你要哭泣,你要心寒胆裂。但是在看表演他们的悲剧时,你纵然也偶尔洒一洒同情之泪,你的眉宇却很飞舞,你的心腔却很伸张。欧里庇得斯[④]和莎士比亚诸大悲剧家都把生的苦恼和死的幻灭通过放大镜,而后再用极浓的色彩把它们描绘出来。我们站在他们所描写的图画之前,虽然更觉悟到"生命只是一段蠢人演述的故事,满口的叫嚣和愤慨,没有一点儿意义",可是并不因此而悲观绝望。血和泪往往能给我们比欢笑更甜美的滋味。这种悲剧的喜感自何而来呢?

这个问题的历史同美学思想史一样久远,许多诗人、哲学家和科学家都在这上面费过心思,到现在还没有定论。我们姑且把历来重要的学说加以介绍和批评,然后再提出一个比较满意的答案来。

最初想到这个问题的是柏拉图。他以凌迈千古的大诗人而

① 此章为《文艺心理学》第十六章。

② 绿珠(? —300),西晋人,石崇爱妾,善吹笛。赵王司马伦专权时,伦党孙秀指名向石崇索取绿珠,被拒。后石崇被逮,她坠楼自杀。见宋乐史《绿珠传》。

③ 莎士比亚创作的四大悲剧之一《奥赛罗》中的女主角。她善良天真,勇敢活泼,最终成为时代的祭品。

④ 欧里庇得斯(约前480—约前406),古希腊三大悲剧家之一。相传写有悲剧90余部。现存有《美狄亚》《特洛亚妇女》等18部和一出羊人剧《圆目巨人》。

大声疾呼,逐诗人于理想国之境外。悲剧家尤其是他所嫉视的。在他看,怜悯和悲愁都是人性中的卑劣癖,应该受理智压住。悲剧家却逢迎人性中这个弱点,拿灾祸罪孽的幻象来激动它,滋养它,实在不道德。所以他们应该受政府限制。

柏拉图的学说在后来影响甚深,幸灾乐祸说可以说从他起来的。据这一说,悲剧的喜感是幸灾乐祸的表示。自己站在干岸上,所以看到旁人手慌脚乱地救翻船,心里觉得愉快。卢梭曾写过一封万言书劝阻达朗贝尔[①]在日内瓦开剧场,用意就是如此。近来法国批评家法格(M. Faguet)把它更加以扩充。在他看,悲剧和喜剧都是一样,都是描写旁人的灾祸。这些灾祸如果是可笑的,就叫作喜剧;如果是可怕的,就叫作悲剧。悲剧和喜剧所生的愉快程度虽有深浅,而为幸灾乐祸则一。他在《古今戏剧》里面说:"人是一群猛兽,我知道很清楚,因为我自己就是其中之一。"他又假设这样一段对话:

"我看过《斐德尔》(*Phédre*),真悲惨,我看得哭起来了。"

"戏的情节怎样?"

"其中有一个女子失恋自杀,还有一个男子因为妒忌,把亲生的儿子弄死了。"

"你去看这种戏吗? 不是好人!"

"但是我流过眼泪的。"

"虽然流眼泪,心里却觉得一种喜感。"

"这话倒对。"

---

① 达朗贝尔(1717—1783),亦译"达朗伯""达兰贝尔"。法国数学家、物理学家、启蒙思想家与哲学家。主要著作有《哲学原理》《力学原理》《数学论文集》等。

“这种喜感把哭时一点好意都打消了。你原来是要在旁人的灾祸中求喜感，总算你达到了目的。骨子里就是这么一回事，你是一个凶恶的人。泰纳要说你还没有脱净猴子的根性哩。你知道，他以为人的祖先是两种猴子，一种凶恶，一种狡猾，人还没有完全变形。爱看喜剧的是狡猾的猴子，爱看悲剧的是凶恶的猴子。”

站在法格这面照妖镜前，我们都不免有几分自惭形秽。平心而论，人这种动物确实是魔性多于神性的。罗马的人兽斗，西班牙的牛斗，中世纪凌辱异教徒的酷刑，以及历史上许多其他残暴的行为，都可以证明幸灾乐祸的心理。在人世较大的剧场中，也是很普遍的。近代“人道主义”的文化已经把这野蛮根性洗净了吗？报纸上每遇离婚、暗杀、失火、地震、打仗一类的天灾人祸，观者都仿佛有一种喝热血似的狂热，以先睹为快。这种动机是不难推测的。但丁描写的地狱，比天堂生动活泼多了。残酷成性的何止于人？上帝不惮琼楼玉宇的高寒，怕也是像诗人丁尼生在《食藕者歌》里面所说的，因为俯看下界阴霾毒焰中的众生，是一件赏心乐事吧？

但是人性繁复，如果我们把性恶看成悲剧喜感的唯一原因，就不免把问题看得太简单了。这个世界里还缺乏灾祸罪孽吗？如果你要幸灾乐祸，看实在的应该比看想象的更痛快，又何必花钱进剧场呢？何况好事多磨，也是古今中外所同声惋惜的。读《刺客传》到图穷匕首见，秦王绕柱而走时，我们固然觉得兴会淋漓，不忍释手，可是同时也觉得荆轲失败，是终古一大恨事。读热烈悲壮的故事，我们常于不知不觉中替它们臆造一个圆满收场。

有江淹[①]的《恨赋》就有尤侗[②]的《反恨赋》，有《红楼梦》就有使宝黛终成眷属的《续红楼梦》。18 世纪英国剧场演莎士比亚的《李尔王》，都把它的悲惨结局完全改过，让 Cordelia（科迪莉娅）嫁了 Edgar（埃德加），带兵回来替李尔王报了仇。[③] 这种翻悲剧为喜剧的玩意儿，中外都很流行。我们尽管说它不是艺术，却不能不承认它有一般人的心理要求做后盾。从此可知幸灾乐祸说不圆满了。

英国 18 世纪学者博克所提出来的悲剧说很可以做幸灾乐祸说的一个有趣的对比。法格拿悲剧的喜感来证明性恶，博克却拿它来证明性善。法格比拟人猿，博克也借重于生物学的论证。在他看，社会之所以能成立，全赖同情心的维系。人在何种境遇最需要同情心的温慰呢？不消说得，是在悲愁苦恼的时候。如果旁观者见着悲愁苦恼便生痛感，同情心便不易发生。悲剧的喜感就是同情心的表现。我们同情于不幸者，所以不幸的事能使我们愉快。境界愈悲惨，同情心的需要也愈大，因此它所引起的喜感也愈强烈。实际人生的悲剧，据博克说，比舞场上所表现的更能引人同情，所以引起的愉快也愈大。他曾经用过这样一个比喻：

> 倘若你择定一个日子，去表演一部最庄严最动人的悲剧，选聘最有本领的名演员，用尽心力去饰台布景，使诗歌、

① 江淹（444—505），南朝梁文学家。字文通，济阳考城（今河南民权东北）人。历仕宋、齐、梁三代。赋以《恨赋》《别赋》较有名，文辞精美，情调悲凉凄惋。

② 尤侗（1618—1704），清文学家、戏曲家。字同人、展成，号悔庵、艮斋、西堂老人，苏州长洲（今苏州）人。作有《西堂乐府》《鹤栖堂文集》等。大部分作品收入《西堂全集》。

③ 原作《李尔王》讲述了年事已高的国王李尔王退位后，被大女儿和二女儿赶到荒郊野外，与乔装疯乞丐的埃德加为伍。成为法兰西皇后的三女儿科迪莉娅率军救父，却被杀死，李尔王伤心地死在她身旁。

图画、音乐三种艺术熔冶于一炉，正当观众齐集、人心悬悬待开幕时，你如果猛然宣告有一位居高位的国事犯要在邻场就死刑，则立刻之间剧场必为之一空。这时候你就会知道模仿艺术的力量比较薄弱，而承认同情心的胜利了。

这种学说带着很浓厚的18世纪英国功利主义的色彩，言之成理，析之无稽。博克忘记人世间确实有痛感这么一回事，而痛感实在起于灾祸罪孽。身经其境，固然叫苦，袖手旁观，也不免哀矜。亲眼看邻人受刀刺火焚，绝不像看但丁《神曲·地狱》章那样兴会淋漓。实际的悲剧和经过艺术点染过的悲剧究竟不同，历来谈悲剧者很少人注意它的不同点究竟何在，法格和博克都犯了这个毛病。博克的弃剧场而就刑场的假设，拿来说政治趣味浓于艺术趣味的英国人，也许近于事实；若是说人性本来如此，就不免以偏概全，所据不足了。如果依他的见解，我们同情于哈姆雷特，所以欢喜看他惨死，同情于罗密欧与朱丽叶，才高兴知道他们的姻缘不成就，这种推理也显然是怪诞。总之，人性是善的，也是恶的。只见到恶的方面便说看悲剧是幸灾乐祸，只看到善的方面便说看悲剧是由于同情心。这对于人生的真面目和悲剧的真面目都是没有看得清楚。

二

法格和博克都拿整个人性来说。还有一派学者丢开性善性恶的争辩，而专研究观剧时一瞬间的心理变化。法国17世纪学者杜博斯（Dubos）在他的《诗画评论》中首开端倪。他以为悲剧的功用只是在满足强烈刺激的需要。人心原来好动，一遇闲散，便苦厌倦无聊。因此，消遣是人生中一大需要。消遣有两种方法：一种是观心冥想，一种是感受外来印象的刺激。观心冥想的乐趣只有少数幸运者能享受，一般人都沉溺于感官刺激。刺激愈强烈，喜感也愈浓厚。最强烈的刺激莫如悲哀苦恼，悲剧之能动人，即由于此。悲剧好比强烈的饮料，是帮助排遣烦闷的。

哥伦布大学教授汤姆斯（C. Thomas）曾作一文，立意与此颇相近。他说："有一种喜感，只要一出力，只要一运用官能，便可觉到。要寻求这种由发泄心力而来的喜感，我们不一定要去寻通常所谓赏心乐事，最好是去寻苦痛、悲惨和危险。这些东西才能给人以强烈的震撼，才能引起与生命同义的情感的兴奋。"悲剧常以死为题材，"因为在我们远祖看，死是最大的灾祸，是最可恐怖的事件，所以也是激动想象的最强烈的磁石"。

这种学说含有若干真理，以看戏为解闷之助者都该承认。但是它的最大弱点在没有分清实在和想象。实在的灾祸苦恼往往使人不快，想象的灾祸苦恼才有时引起喜感。如果亲眼看见一位白发衰翁见弃于子女，深夜里冒着雷电风雨在荒野中挨命，你会像看表演《李尔王》时那样兴高采烈、拍掌叫好吗？

法国 17 世纪学者芳丹纳尔（Fontenelle）的学说可以拿来做这个难点的答辩，他说：

> 喜和痛虽是两种不同的情感，而原因却无大异。如搔皮肤，太激烈则生痛感，稍轻缓则可生喜感。从此可知本来虽是痛感，只要把它变弱些，就变成一种轻松愉快的微痒了。人心本来好动，使它动的就是悲哀苦恼也无妨，只要有一件东西把它们的力量减轻一点就行了。在剧场中凡所表现的

> 虽跃跃如实境而究竟不是实境。观者尽管耳迷目眩，理智尽管为感觉和想象所蒙蔽，心里总还脱离不了“这是虚幻”一个想头。这个想头尽管很薄弱，尽管受蒙蔽，其力量还能减杀观者看见无辜受祸所生的痛感，把它一直减轻到变为喜感的程度。观者一方面见到自己所爱好的主角不幸受祸，替他流泪，而同时返想到这幸亏还仅是空中楼阁，心里又觉到快慰。

这个学说很值得注意，因为它从艺术观点立论，把实际的悲剧和想象的悲剧分开来说，是个创见。它颇近于下文所说的“心理距离说”，不过它着重“这是虚幻”的意识，还是没有明白美感经验。观者在兴高采烈时绝不会回想到“这是虚幻”。英国哲学家休谟在他的《悲剧论》里也不满意芳丹纳尔的学说，但是根据另一理由。罗马著名演说家西塞罗(Cicero)弹劾维尔斯屠杀西西里人那一篇诉词，把当时屠杀的惨状描写尽致，法官和观众听了都非常高兴。他所描写的尽是事实，所以听者所得的喜感不能推原于芳丹纳尔所谓“这是虚幻”的想头。据休谟的分析，当时听者的心理变化有两种成分：一种是痛感，起于残酷的印象；一种是喜感，起于雄辩(eloquence)。这两种成分之中，喜感较占优势，不但压住痛感，而且能借用痛感的力量来扩张自己的情绪之流。痛感如何能扩大喜感呢？心好比琴弦，已在震颤之际，稍加弹动，便成宏响。有悲惨印象而无艺术，痛感固终为痛感；有艺术而无悲惨印象，则喜感虽存在而不强烈。悲惨印象感动心弦之后，心才愈加敏捷，受艺术的浸润力也愈加强大。比如说，原来痛感只有四成，而喜感却有六成，弱不敌强，四成痛感于是把所有的力量转借给喜感，而喜感便扩充为十成了。悲剧和西塞罗的雄辩同理，所不同者悲剧更能引人入胜,因为它是一种模仿。而模仿本身就是喜感之源,像亚理斯多德在《诗学》中所说过的。

休谟所谓"雄辩"是指辞藻的富丽和音调的和谐。他虽然反驳芳丹纳尔,而以艺术的眼光讨论悲剧,则与芳丹纳尔同为杰出。他所着眼的悲剧大半是诗剧,他的弊病在侧重悲剧的装饰方面,而装饰究竟不是悲剧的命脉所在。图画描写悲惨情境,不必借助于辞藻音调,固不消说,近代作者以散文写悲剧也是常事。从此可知悲剧于辞藻音调之外,还别有令人惊心动魄的特质了。

三

英、法两国学者研究悲剧喜感问题,都专从人类本性和心理变化两点出发,没有牵涉到较广泛的哲学问题。从哲学出发去研究悲剧,要推德国学者为最起劲。法格、杜博斯、博克诸人的学说已经很光怪陆离,黑格尔、叔本华、尼采诸人的奇思幻想更令人耳昏目眩了。读他们的作品,我们很难分别哪里是诗,哪里是哲学。他们的思想只有他们自己的语言能表达。用另一种语言来申述他们的意思,已近于鹦哥学语,若是再拿寻常理智来分析评判,那更未免剪云为裳,以迹象绳玄渺了。但是我们谈到悲剧问题,如果把他们的学说完全丢开,也未免有失虔敬。这里只得明知故犯,将不可申述的申述一遍,将不可批评的批评一遍,读者须知道这只是古人的糟粕。

诗人席勒要辩护艺术的特质在美不在善,所以拿悲剧的喜感来说明美并不背于善。在他看,宇宙全体以人类幸福为指归。一切事变,与这个目标相谐和的生喜感,与它相冲突的生痛感。但是冲突在宇宙中也很必要。无论什么东西,难能才见可贵。有冲突然后有奋斗,有奋斗然后有道德意识,有道德意识然后有快慰。奋斗愈剧烈,道德意识愈鲜明,快慰也愈深切。因此,最大的喜感是从和最难的逆境相奋斗而得来的,其中实含有痛感的成分。悲剧能引起最大的喜感,就因为它描写冲突和奋斗,就因为它能表现最高的道德意识。有许多情境,就局部看,尽管是悲惨,而就宇宙全体看,却有理性,却是一种和谐。悲剧的结局往往为生命的牺牲。"生命的牺牲本是一种矛盾,因为有生命然后有善;但是为着道德,生命的牺牲是正当的,因为生命的伟大不在它的本身,而在它是履行道德的必由之路。如果生命的牺牲成了履行道德的必由之路,我们就应该放弃生命。"

席勒的理想主义到了黑格尔的手里又得着一个更宽泛的哲学基础。黑格尔是一位极端的泛理主义者。他眼中的宇宙浑身都是理性。不过要看出宇宙的理性,我们应该着眼全体。貌似相反者往往实在是同一;在局部看来是冲突者在全体看来往往是和谐。悲剧就是一个好例。一般人见着为善不获报,为恶不见惩,便以为这是冤屈,于理不可解说,只能归咎于渺茫不可知的命运。其实宇宙中无所谓命运,祸福都是由人自招的。然则一般悲剧的主角都无辜受祸,这应该怎样解释呢?黑格尔的答案是他的著名的冲突说。凡是悲剧都生于两种理想的冲突,例如做忠臣的往往不能同时做孝子,做孝子的往往不能同时做忠臣。理想而至冲突,就是理想本身的一个缺点;因为有缺点,所以不能在完美的宇宙中实现,它的牺牲实在是孽由自作。换句话说,悲剧主角大半象征一种有冲突的片面的理想,他陷于灾祸时,在表面看虽似命运造的冤屈,而就宇宙全体说,实在是"永恒公理"(eternal justice)的表现。我们看悲剧时见出这"永恒公理",见出完满宇

摄住，如火如荼的"生存欲"因之暂时失其作用。这种剧战后片时的稍息，也是喜感的来源。

在许多人看，人世全是孽海，艺术全是苦闷者的呼号，叔本华的厌世主义比较黑格尔的泛理主义似稍近于真理。麦克白临死时叫道：

> 熄灭罢，熄灭罢，短促的烛火！

巴米尔临死时叱穆罕默德说：

> 你应该胜利，世界原来是为强暴者而创造的！

我们听到这种垂死的呼声或是看到维尼的狼闭着眼睛倒下地任猎户宰割时，都不能不承认叔本华的话言之有理。但是如果我们再走远一步，便知道概括立论是很危险的，叔本华也不是例外。希腊三大悲剧家的作品中并未曾表示"退让"的态度，叔本华自己也承认过。近代悲剧虽较悲观而却不能谓为厌世。姑且拿莎士比亚的作品来说，麦克白死时没有怨天吗？奥赛罗自杀时没有尤人吗？怨天尤人都是表示不甘心。他们虽然抛开生命而却没有抛开"生命欲"，绝不是叔本华所谓"退让"。

尼采著《悲剧的起源》，用意就在纠正叔本华的错误。黑格尔从道德观点去看世界，以为世界处处呈现理性。叔本华把这种泛理主义推翻而代以盲目的"生存欲"，看出人生处处是苦，于是"世界何须存在"遂成为问题。尼采说，生命只是罪孽苦恼，实在像叔本华所说的；你如果从道德观点着眼，你绝寻不出理由来辩护世界何以应存在。世界的存在只能从艺术观点去解释。这花花世界虽然充满着灾祸罪孽，但是如果你从窄狭的现实圈套里跳出来看看，它却是多么光怪陆离的一幅图画！创世主丢开丹青粉垩之后，自己谛视这幅伟大的创作，心里多么快慰！你如果觉得这世界不是好居住的，你就把它看成好玩赏的也很好，何必太拘泥呢？

希腊人知道这个秘诀。他们不但能把世界看作一个意象去赏玩，自己还去创造意象，与造物争巧；所以他们虽然也知道人生苦恼，而却没有流于悲观。他们的救世主是阿波罗（日神）。在他的恬静幽美、光彩四射的额纹中，希腊人看出形形色色的奇梦，于是依影图形，创成他们的伟大的造型艺术和《荷马史诗》。

阿波罗之外，希腊人又崇拜狄俄倪索斯[①]。所以他们不仅能酣梦，而又能沉醉。当熏风四煽的艳阳天，羊在草场中跳跃，鸟在绿条上和歌，他们受着狄俄倪索斯的启示，不由自主地跳入波涛澎湃的生命之流中，遗忘小我，杂入行乐人群中高歌狂舞，跳舞和音乐即起源于此。

在尼采看，阿波罗的艺术（史诗、雕刻、图画等）和狄俄倪索斯的艺术（跳舞和音乐）相结合，然后才有悲剧的产生。悲剧一方面是动的，像音乐一样，是苦闷从心坎迸出的呼号；一方面是静的，像雕刻、图画一样，是一个热烈灿烂的意象。悲剧的雏形是狄俄倪索斯神坛前祭奠者的合唱（chorus）。音乐所象征的苦闷借阿波罗的意匠经营，成为具体的形象，结果乃有悲剧。悲角中的主角如俄狄浦斯、普罗米修斯等都是狄俄倪索斯神的变形。

---

① 古希腊神话中的酒神、欢乐之神，宙斯与凡人公主塞墨勒的儿子。他到处游荡、传播种植葡萄和酿制美酒的知识，带给人们饮酒的欢乐。

知道悲剧的起源如此,观者所得的喜感便不难解释了。他在庄严灿烂的意象之中,窥见惊心动魄的美,霎时间脱开现实的压迫,忘却人生一切苦恼,自然是眉开眼笑,喜不可言了。悲剧的主角只是生命的狂澜中一点一滴,他牺牲了性命也不过一点一滴的水归原到无涯的大海。在个体生命的无常中显出永恒生命的不朽,这是悲剧的最大的使命,也就是悲剧使人快意的原因之一。叔本华以为悲剧的结局是“退让”,只是看见一点一滴的堕落,而没有望见大海的金波荡漾。

尼采著书,有如醉汉呓语,心头无量奇思幻想,不分伦次地乱迸出来,我们只觉得他的话有些可疑,可是他的破绽究竟在哪里呢?他根本就没有给一条可捉摸的线索让你抓住。我们只能以幻想来遇他的幻想,若拿名学来分析,却有些困难。听哲学家讨论特殊问题,最容易走入迷路。他们关于悲剧的结论大半是从他们的全部哲学演绎出来的,不是从研究作品归纳出来的,所以像游丝悬在虚空里。他们的话固然不是全盘错误,他们的慧眼固然有时窥透常人所不能窥透的地方,但是他们的弊病在偏:以一点心得当作全部真理。幸好这个世界里哲学家占极少数,不懂得黑格尔、叔本华和尼采的愚夫愚妇们也还能欣赏莎士比亚或是易卜生。我们姑且把“永恒公理”“生命欲”和“狄俄倪索斯”等音调铿锵的字还给哲学家们去咀嚼罢。

四

转身向近代心理学,看它能给我们一线微光吗?弗洛伊德的门徒无孔不入,悲剧这块田地自然也没有被放弃。法格的“凶恶的猴子”到他们的手里更丑恶不堪了。他们说,文明只在表皮,里皮还是野蛮。人心深处全充满着原始欲望，尤其强烈的是性欲。在文明社会里面，原始欲望与道德法律不相容，于是被压抑到隐意识里去，形成所谓“情意综（complexes）”。这种“情意综”受意识作用的检察，想发泄而不得发泄，往往酿成迷狂症及其他神经病。要医治神经病，须设法使郁积在隐意识里的“情意综”得正当发泄，就是用弗洛伊德所谓“发散治疗（cathartic cure）”。有时被压抑的欲望也不一定酿成神经病，它们可以化装偷入意识阈而求满足。梦、幻想、神话之类都是原始欲望的化装。悲剧也是如此。弗洛伊德最欢喜谈“俄狄浦斯情意综（Oedipus complex）”。这个名词就出于索福克勒斯的一部悲剧。他以为弑父娶母是一个极强烈的原始欲望，它在《俄狄浦斯》这部悲剧中赤裸裸地流露出来而得满足了。我们每个人都有“俄狄浦斯情意综”，看这部悲剧时无心地把自己摆在主角的地位，被压抑的欲望于是得间接的满足，所以发生喜感。

这种风靡一世的学说能使我们满意吗？要接受弗洛伊德的结论，须先接受他的“隐意识”这个大前提。这个前提在心理学本身的领域中还没有站得稳，我们最好不要过于趋时，把它应用来解释文艺。

弗洛伊德的“发散治疗”这个名词使我们联想到亚理斯多德在《诗学》中所说的 catharsis。这个词是两千年来学者聚讼的焦点，与悲剧喜感的问题关系尤其密切，因为它和近代心理学有渊源，所以我们不顾历史的次第，把它延迟到现在才讨论。

《诗学》第六章悲剧定义中有一句话，说悲剧“借引起哀怜和恐怖的情节，完成这些情绪的 catharsis”。以前学者大半都把 catharsis 这个字释作“净化”，以为悲剧可以净化哀怜和恐怖两种情绪中不洁的成分,所以有道德上的效用。19 世纪德国学者贝内斯(Bernays)才考订 catharsis 是医学上的一个术语,意为“发散”,这个解释现在已得一般学者的公认。“发散”是一种治疗法。例如体肤有脓汁淤积成肿毒时,可以用药“发散”去。希腊人常患一种宗教狂,情感过度兴奋,以致心神不宁。他们医治这种病的方法是使病人听一种狂热的音乐。音乐把作祟的情绪“发散”了,病自然痊愈。因此亚理斯多德在《政治学》中提到音乐的 catharsis。音乐能“发散”宗教狂,就因为它能发泄淤积的强烈的情绪。《诗学》中所用的 catharsis 意义当然也和《政治学》中所用的相同。人生来就有哀怜和恐怖两种情绪,如果不发泄,也可以淤积起来,酿成苦闷。悲剧给这两种情感以发泄的机会,所以能引起喜感。

观此可知亚理斯多德的学说近于弗洛伊德的学说,不过比弗洛伊德说较为精当。他单提“哀怜(pity)”“恐怖(terror)”两种情绪,或只是随意举例说明,不一定说悲剧所能“发散”的情绪只限于这两种。他在《伦理学》中说过:“活动不被阻挠者(unimpeded activity)就是快乐。”这个定义也可以拿来和悲剧的效用相印证。活动是生命的特征,情感是活动的一种。人须生存,便须活动,便须发泄情感。“发泄”是自然界一个普遍的需要,是生命的别名。喜必露于笑,悲必露于哭。这种普遍的需要不满足,痛苦就跟着来。普通语言中“忧郁”“苦闷”连着说,“舒畅”则和“快乐”同义,可见得“忧”由于“郁”,“苦”由于“闷”,“舒畅”而后“快乐”,是一般人所公认的。叔本华以为生命充满着苦恼,尼采以为悲剧发源于音乐,是苦闷从心坎迸出的呼号,这话都很真确,只是他们的结论未免怪诞。他们不曾觉到隐忧沉痛之际,放声一哭,心头就轻松愉快吗？苦闷的呼号接着就是发泄后所应有的快慰。悲剧能生喜感，就是因为它能使人在想象的情境中发泄情感。这就是亚理斯多德所谓悲剧的 catharsis。

照这样说，实际的悲剧和艺术的悲剧不是没有分别吗？弗洛伊德派学者除了用“化装”一个观念之外，似乎把实际上的情绪与艺术上的情绪看作一回事。亚理斯多德却把这个分别看得很清楚，所以他的悲剧定义中又有“饰以辞藻”的话。用近代语来说，悲剧单引起“哀怜”“恐怖”等情绪还不够，还要“出以艺术的手腕”。所以悲剧的喜感不单起于情绪的发泄，尤其重要的是起于艺术的欣赏。

五

悲剧是一种艺术作品，观悲剧是一种美感经验。我们在首二章[①]中已详细说过，美感经验起于形象的直觉，在观赏的一刹那中，我们忘却实际的利害，专站在客观地位，把世界和人生当作一幅热烈灿烂的图画去看。同是灾祸，在实际人生中只能引起我们的哀怜和恐怖，我们不能把这种哀怜和恐怖化为喜感；在悲剧中它也引起哀怜和恐怖，但是艺术的欣赏把哀怜和恐怖所带的痛感的成分消净，所余的只是美感。穷到究竟，“悲剧何以发生喜感”的问题就是“艺术的欣赏何以能消净哀怜和恐怖所带的痛感”的问题。

这个问题的答案以第二章所说的“心理的距离说”为最圆满。在实际人生中遇见灾祸，如行船遇海雾，心里只惊怖临头的危险；

---

① 指《文艺心理学》的第一章、第二章。本书未选入。

在悲剧中遇见灾祸，如站在客观的地位看海雾，只叹赏它的景致美妙。换句话说，在悲剧中我们在目前情境和实际人生之中留出一种适当的“距离”来。这种“距离”不可太远，太远则不能取实际经验来印证，无从了解；也不可太近，太近则太关切身利害，结果不免使实用的动机压倒美感。在成功的悲剧中“距离”不太远，因为它所表现的是合于情理的事实；也不太近，因为悲剧的语言是经过艺术陶铸出来的，它的人物和情节是想象的，不寻常的，于近情理之中却含有若干不近情理的成分，不致使观者误认戏剧为实际人生。凡是真正的悲剧都绝对不是写实的，凡是善于观剧的人也绝不让寻常实用的情绪来混乱美感。这个道理最好拿布洛所举的《奥赛罗》的例子来说明。莎士比亚这部名著描写一个名将因信谗言疑心妻子不忠实。如果本来也疑心妻子的人去看这部戏，他应该比较一般人能了解奥赛罗的妒忌心理；但是因为悲剧情节太和自己的经验相像了，他不免回味自己的苦痛，而不能把心放在戏上。因此，他虽然因观剧而发生热烈的情感，而却不是愉快的美感。这就是因为他把“距离”摆得太近的缘故。如果信弗洛伊德派学者的话，看悲剧也是带假面具去满足被压抑的欲望，那就是没有“距离”，所生的情感便不是美感了。亚理斯多德的“发散说”如果没有“饰以辞藻”一句话去纠正，也就要犯同样的毛病了。

总而言之，情感在悲剧中“发散”和在实际生活中发泄是不同的。悲剧所表现的世界在观赏者的心中是一个孤立的世界，和实际利害相绝缘。观赏者在聚精会神观赏剧中情节时，不知不觉地随流旋转；他在过一种极浓厚的生活，他在尽量活动，尽量发散情绪；但是这种生活，这种活动，这种情绪都和他日常所经验的完全是两回事。它们带着活动和发散所常伴着的愉快，而却不带实际生活的忧虑和苦恼。这是悲剧的喜感的特质。

观此可知“悲剧何以发生喜感”和“自然丑何以能化为艺术美”是一个道理。悲惨的情境和自然丑都只是生糙的材料，须经艺术加以陶铸，给以新生命，然后才能引起真正的美感。因此，悲剧的喜感和一切美感一样，都是起于形象的直觉。从前讨论这个问题的学者如杜博斯注重“这是虚幻”的意识，休谟注重“雄辩”的影响，叔本华注重“生存欲”的消失，尼采注重阿波罗的意象和狄俄倪索斯的热情相结合，本来都已隐约窥见悲剧喜感问题的正当答案。他们都没有把它握住，或是因为分析不彻底（如杜博斯和休谟），或是因为误于哲学成见（像叔本华和尼采）。

笑与喜剧[1]

柏拉图在《会饮篇》里说过苏格拉底的一件逸事。有一晚,苏格拉底和雅典少年讨论恋爱问题,痛饮通宵。到天明时座客都昏昏欲睡,只有苏格拉底一个人还是清醒的,仍然向座客滔滔清辩。一位新加入的饮客也喝醉了,他仿佛听见苏格拉底"逼得其余两个人承认喜剧和悲剧在精神上是相同的,长于悲剧者也一定能做喜剧。他们不得不承认,因为他们都喝醉了,没有十分听懂他的理由"。这是一件可惜的事。假如他们少喝几杯,把苏格拉底所说的悲剧和喜剧相同的理由记下来传给我们,也许我们在讨论悲剧之后,可以少费些精神来讨论喜剧。

悲剧和喜剧的心理有一点相同,是我们立刻就可以看出来的。它们都是一样难捉摸,一样可以容纳许多互相矛盾的意见。从柏拉图以来两千余年中学者对于"悲剧的喜感"这个问题固然仍是莫衷一是,对于喜剧的官司也还没有打得了结。

问题本来似乎很简单的。喜剧何以能引起快感呢?我们听到某一种话,看到某一种人物,或是处在某一种情境,何以发笑呢?何以觉得畅快呢?这种快感是否尽是美感呢?我们先把重要的学说介绍出来,加以讨论,然后再参较事实,寻出一个试用的结论来。

我们在上章[2]已经谈过,有一派学者以为悲剧的喜感是幸灾

---

① 此章为《文艺心理学》第十七章。

② 即《悲剧的喜感》一章。

乐祸的表示,最早而且最流行的喜剧学说也是着重幸灾乐祸的心理。柏拉图在《斐利布斯篇》对话里说:

"悲剧的观众常在泪中带笑,你记得吗?"

"我自然记得。"

"就是看喜剧时心里也是悲喜交集,你觉得不?"

他分析这种情感,以为它起于妒忌,于是接着说:

"我们刚才说过:不美而自以为美,不智而自以为智,不富而自以为富,都是虚伪的观念。这三种虚伪观念弱则可笑,强则可憎。假如我们的朋友存着这些虚伪观念而对于他人却无损害,他们不只是可笑吗?"

"自然可笑。"

"他们的这种蒙昧算不算是一种灾祸呢?"

"是的。"

"我们笑他们时,是畅快还是苦痛呢?"

"显然觉得畅快。"

"见到朋友的灾祸而觉得畅快,这不是由于妒忌吗?"

"是的。"

"照这样看,我们笑朋友的愚蠢时,快感是和妒忌相连的。我们已承认妒忌在心理上是一种痛感,然则拿朋友的愚蠢作笑柄时,我们一方面有妒忌所伴的痛感,一方面又有笑所伴的快感了。"

柏拉图这一段话是喜剧心理学的发轫点，它一方面拿妒忌作为笑的动机，为后来霍布士的“鄙夷说”所自出；一方面又指出悲剧和喜剧的关联，说明喜剧同时具有快感和痛感，这个主张在近代也有附和者。

二

亚理斯多德的《诗学》中论喜剧的一部分已经散失。就所存的残编断简看，他的主张也很近于“鄙夷说”。他说：“喜剧所模仿的性格较我们自己稍低下，但所谓低下，并非全指凶恶。可笑性只是一种丑。”照这样说，笑的对象和憎的对象有分别。凶恶可以令人憎，无伤大节的拙劣才可令人笑。我们对于所笑的人物常不觉其可憎，许多著名的喜剧角色有时甚至是很可爱的。亚理斯多德以喜剧为艺术取丑为材料的实例，也是很可注意的一点。

“鄙夷说”的重要的提倡者要推英国哲学家霍布士。他在《人类本性》(*Human Nature*)里说：

> 有一种情感还没有名称，它的表征就是我们所称为“笑”的面容变化。它通常是快感，至于它是怎样的快感，以及笑时心中所想的是什么，何以觉得高兴，向来还没有人说过。如果说它起于“巧慧”或“诙谐”，这不免与事实不符，人们遇到不尴尬的失仪的事，虽然其中没有什么“巧慧”或“诙谐”，仍然是发笑。大家看惯的事物，就变成平淡无奇，也不足令人发笑。凡是令人发笑的必定是新奇的，不期然而然的。人有时笑自己的行动，虽然它并不十分奇特。人也有时笑自己所发的“诙谐”，尤其是受人称赞的人。就这些实例说，笑的

情感显然是由于发笑者突然想起自己的能干。人有时笑旁人的弱点,因为相形之下,自己的能干愈易显出。人听到"诙谐"也发笑,这中间的"巧慧"就在使自己的心里见出旁人的荒谬。这里笑的情感也是由于突然想起自己的优胜。若不然,借旁人的弱点或荒谬来抬高自己的身价,究竟是怎么一回事呢?如果我们自己或是休戚相关的朋友成为笑柄,我们绝不发笑。所以我可以断定说:笑的情感只是在见到旁人的弱点或是自己过去的弱点时,突然念到自己某优点所引起的"突然的荣耀(sudden glory)"感觉。人们偶然想起自己过去的蠢事也常发笑,只要他们现在不觉到羞耻。人们都不欢喜受人嘲笑,因为受嘲笑就是受轻视。

霍布士的"突然荣耀"说在近代颇多附和者。英国的倍恩(A. Bain)和萨利(Sully)、德国的谷鲁斯、法国的拉穆来(Lamennais)和美国的莎笛斯(Boris Sidis)诸人都接受他的要旨而略加更改。笑有时的确是表示鄙夷的。在奸险的人,笑往往是恶意的遮面具,所以有"笑面虎"和"笑里藏刀"之说。不过"突然荣耀"说并不可以解释一切事实。儿童的笑是天真的流露,同情的笑是亲善的表示,在风和日暖时对着花香鸟语的微笑是生存欢乐的表现,都绝不能说是由于感到"突然的荣耀"。"鄙笑"(scorn)只是笑的一种,霍布士的错误在把一切笑都当作鄙笑。

三

柏格森的"笑的学说"在近代也很重要,很可以拿来和霍布士说相较。霍布士以为笑起于两种发现,一是发现旁人的欠缺,一是发现自己的优胜。柏格森也注重发现旁人的欠缺一点,但是他拿纠正这种欠缺的念头来代替自豪的心思,所以笑虽起于发现旁人的欠缺而却不必含有恶意。依他看,笑有三大特点。第一,笑的对象限于人事。只有人才可笑,自然景物有美有丑,有可爱,有可恶,却没有可笑者。见动物或用器而发笑者大半因为它们而联想到人的拙劣。第二,笑是不关痛痒的,和强烈的情绪绝不相容。在见人言动拙劣而起哀怜或憎恶时,我们绝不会发笑。既然笑,心中便没有深厚的情感。笑的趣味完全是理智的。第三,笑须有回声,须有附和者。单独一个人很不容易发笑,笑要有同情的社会来推波助澜。这种社会是有限制的。某种社会中的人对于某种笑话才会发笑。同是一个笑话换一个社会就不易引人发笑,所以喜剧最难翻译。

柏格森从这三个特点去寻笑和喜剧的来源,以为它在"生气的机械化",在"把有生气的和机械的嵌合在一块"。比如说,一个行路人猛然跌倒,是一件可笑的事。假如他出于本意地坐在地上休息,就没有什么可笑。这就因为他遇到障碍物而不能随机应变,仍然很机械地用原来的步法走。他跌倒是表示他"心不在焉",表示他笨拙,表示他像一件无生气的机械。凡是惹人发笑的人物和情境都可作如是观。比如丑角模仿旁人的动作姿势,越逼真越惹人发笑,是什么缘故呢?有生气的东西是瞬息万变的,没有两个人的面孔完全相同,一个人的动作姿势也不会前后完全一样。一个人可以把旁人的动作姿势模仿出来,那就显出那种动作姿势像机械的活动,缺乏生气应有的灵变了。凡是机械的动作都缺少弹性,都是把某一种活动复演到无穷止,环境尽管千变万化,而它的应付方法却依然如故。无论是个人的行动或是社会的风俗制度,一到了变成呆板不合时宜的时候都可以成为笑柄。从前有一只船刚抵法国海岸就沉没了,法国关吏去救乘客的命,慌忙间第一句话就是:"你们有什么东西要报关吗?"一位退伍的老兵改充堂倌,旁人戏向他喊"立正"时,他就慌忙把两手垂下,让所捧的杯盘落地打碎。这两个例子都是以有生命之物而呈现无生气的机械动作,所以惹人发笑。许多引人发笑的情境虽然在表面看来不能纳入这个公式里,但是仔细分析起来,都可以看成生气的机械化。喜剧家的本事就在拿这种情境和人物来引人发笑。莫里哀所描写的医生、律师、守财奴以及扮绅士气的暴发户种种喜剧角色,都是带有几分木偶气的人。

生气的机械化何以可笑呢?要明白这个问题,我们就要谈到笑的功用了。生命就是变化,要使生命美满,我们的心灵一要紧张,二要有弹性,才能随机应变。假如缺乏这两种生命的要素,纵使幸而可免生存竞争的淘汰,对于日常生活的粗浅的需要能够应付得大致不差,也终不免露笨拙丑陋的言动。这种笨拙丑陋的言动就是喜剧。它虽不是生命的危机,却是生命的美中不足。社会想生命尽美尽善,想每个分子都紧张而有弹性,不至于机械化,所以遇到笨拙丑陋的言动就以笑报之。笑是一种警告,也是一种惩罚。发笑者对于笑者仿佛是做一个姿势,使他觉悟自己的笨拙丑陋,立刻加以改正。笑既有这样的一个实用目的,所以柏格森以为笑的情感不纯是美感,喜剧也不能归到纯粹的艺术里面。但笑虽不纯是美感,它既是社会要求生命尽美尽善的表示,也就含有若干美感在内:

笑既是追求普遍完美这个实用目的(无意识的,有时并且是不道德的),所以不是生于纯粹的美感。但是它却也有几分美感,因为社会和个人在能超脱生存的急需时,把自己当作艺术品看,然后才有喜剧。总而言之,损害个人或社会生命的动作和习性,有自然结果去惩罚它。如果我们画一个圆圈把这些动作和习性包括起来,则在这个骚动和冲突的领域之外还另有一个中立圈,其中人与人相见,在身体心灵性格各方面仍不免流露丑拙。这虽无伤大体,但是社会为使每个人都具有最高限度的弹性和处群的能力起见,却也不能容留它。这种丑拙就是喜剧,笑就是对它们的惩罚。

柏格森的学说自然含有片面的真理。拘守陈规的小吏,卖弄文字的书蠹,以及戏台上傀儡似的丑角,都可以拿来说明"生命的机械化"这条原理。不过柏格森的错误和其他哲学家的错误一样,在想把繁复的事例勉强纳到一个简单的公式里去。他要拿笑来证明他的"生命就是变化"这个哲学前提。合这前提的他极力铺张,不合这前提的他一概抹杀。像霍布士一样,他也没有顾到婴儿的笑。他没有顾到人像傀儡像机械固然是笑柄,像牛像驴时虽不能说是生气的机械化,也还是可令人发笑。他没有顾到人像机械固然可笑,机械像人也可以令人展颐,近代影戏中就常用这种玩意。柏格森的学说还有一个最大的缺点,就是只解释笑的起源和功用,而没有解释笑时何以发生快感。他把笑完全看作理智的产品,对于它的情感一方面则完全忽略了。

四

柏格森把笑完全看作理智的产品,就这一点说,他的学说和德国哲学界所流行的"乖讹说(incongruzty)"或"失望说(nullified expectation)"颇相类似。依这个学说,可笑的事物大半是不伦不类的配合;我们根据寻常事理所起的期望如此,而结果却不如此,笑便是期望消失的表现。一个人听见衣橱里有声响,以为是老鼠,把它打开来看,才知道藏在里面的是他的婶母,他于是不由自主地发笑。这就是"失望说"的最好实例。婶母在衣橱里是一种不伦不类的"乖讹",他原来没有"期望"她在那里,她在那里是出乎意料,所以令他发笑。

这个学说的来源极早,亚理斯多德在《修辞学》里便已提及,近代附和者极多,不过最重要者是康德。他在《审美判断的批判》[①]里说:"一种紧张的期望突然归于消失,于是发生笑的情感。"不过期望的消失本身并不能直接引起快感,快感是体力恢复平衡的结果。他曾经举过这样的一个实例:"假如有人谈这么一个故事:一个印度人在苏拉镇上的英国人家看见一瓶啤酒打开时蒸发成泡沫流出,不禁连声惊讶。英国人问:'有什么奇怪的事?'印度人答道:'它流出来我倒不觉奇怪,我所惊讶的是原先你怎样把它装进瓶里去?'我们听到这个故事就发笑,并且觉得很大的快感。这并不是因为我们想到自己比这位无知的印度人聪明,也并不是因为理智能够发现其他愉快的理由。它是由于我们的期望涨到极点时突然消失于无形了。"

康德没有详细说明他的道理,后来叔本华才把它加以引申。依他说,笑起于期望的消失,而期望的消失则起于"感觉"和感觉所依附的"概念"有乖讹。他举过这样一个实例:巴黎某戏院的观

① 现译为《审美判断力批判》,为《判断力批判》一书的前半部分内容。

众,有一晚要求奏《马赛曲》,经理不允许,大家就扰闹起来。一位警察站上台去维持秩序,说照例凡是没有登在戏的节目里面的东西都不能演奏。听众之中有一个喊着问:“警察先生,你自己呢?你登在戏的节目里面吗?”全场听到这句话都哄然大笑。叔本华以为一切笑话都可以作如是观。“登在节目里的才能演奏”是一个“概念(conception)”,即通常所谓大前提。“警察的解释不在节目里”是一种感觉(perception),即通常所谓小前提。我们原来没有期望把这个感觉纳在上述的概念中去想,把它们混在一起是出于意料之外,所以引起我们发笑。依叔本华看,一切笑话都可以化成第一格的三段论法,其中大前提是不周延的,小前提是出于意料之外,仅含貌似真理的。

近代心理学家中赞成“乖讹说”者颇多,并且替它寻出实验的证据。我们都知道,呵痒最易使人发笑,尤其是被呵者为儿童。但是呵者一定是旁人。自己呵自己绝不会发笑,如果呵者预先警告被呵者,说要呵他的某部体肤,然后再去呵它,他也不会发笑。但是说要呵他,作起势来忽然又停手不呵,他也会发笑。法国心理学家杜蒙(Lèon Dumont)根据这种事实证明笑是起于失望和惊讶。美国心理学家马丁女士(L. J. Martin)曾经采用若干可笑的事物试验过六十人,同时把许多关于笑的学说解释给他们听,叫他们内省自己发笑时的经验,看哪一家学说最能解释笑的事实。大多数受验者都以为叔本华说为最圆满。笑既起于惊讶,则某种笑话既被人听惯变成熟烂陈腐之后,照理即不能再引人发笑。美国心理学家浩林司瓦兹(H. L. Hoelingsworth)在这方面曾经做过一番研究,据他的结论,可笑的事物都必有令人惊讶的成分。

这个许多哲学家和科学家所公认的学说可以完全解释笑和

喜剧吗？笑固有时起于意料之外的“乖讹”，但是出于意料之外的“乖讹”不尽能引人发笑。倍恩说过，残疾人负重载，苍蝇陷油漆，五月飞雪，父不慈，子不孝，以及一切欺诈暴戾的行为都可以说是出于意料之外的“乖讹”，何以我们不觉得它们可笑呢？这是“乖讹说”的第一难点。有时在意料之中的事情也可以引人发笑。萨利说过，假如我们预先做好一个圈套，引傻子“上当”来开玩笑，他怎样“入彀[①]”，怎样“落阱”，都是我们预料所及的，我们却仍发笑。《红楼梦》中《王熙凤毒设相思局》一段故事就是一个好例。这是“乖讹说”的第二难点。但是它的最大难点还不在此。笑是突如其来、不假思索的。每个人不都是哲学家，我们就难说每个人在发笑时都存有康德所说的“预期”，或是叔本华所说的把“感觉”纳入“概念”里去思索。康德和叔本华的笑的心理学浑身都是理智主义，我们现在知道了，理智在心理上的威权并没有他们所想的那样浩大。所以我们对于这种完全根据理智的“乖讹说”，至多也只能承认它含有一部分真理，不能全盘接受它。

五

英国心理学家斯宾塞尔也是相信“乖讹说”者，但是不从理智的观点出发。从来学者都没有注意到笑的生理变化和心理变化的关系，斯宾塞尔才是研究这种关系的第一个人。我们讨论“艺术与游戏”时曾经提及他的精力过剩说。他的笑的学说还是根据精力过剩的原则。精力过剩时须求发泄于筋肉动作，而发泄的途径往往向抵抗力最小的一方面。我们的筋肉哪一部分抵抗力最

---

① 入彀(gòu)：进入弓箭射程以内。比喻受人牢笼，由人操纵或控制。

小,最容易感受情感的变化呢?第一是语言器官。口部筋肉最细小,所以最便运动,情感微有变化,口部筋肉立刻就把它表现出来。其次是呼吸器官。情感兴奋时需要养化血液较多,所以呼吸比较急促。这两处筋肉都是所谓“抵抗力最小”的地方,所以过剩精力先从这两处发泄。发泄时于是有笑的容貌和声音。

但是我们何以恰在发笑时有过剩精力呢?斯宾塞尔以为这是由于“下降的乖讹(descending incongruity)”。什么叫作“下降的乖讹”呢?我们最好举一个实例来说明。比如在玩马戏时,一位跳绳人一步跳过四匹马背,后面一位丑角也郑重其事地作势跟他跳,但猛然出于意料地停止,在马身上扫去一点灰。这种微细的动作和原来的浩大准备姿势太不伦不类,是一种“虎头蛇尾”的“下降的乖讹”。他原来作势跳马时,我们正聚精会神地期待一个重大事件,正准备大量的精力来看他显惊人的本领,结果他只在马身上扫去一点灰,我们原来所准备的精力便无所用而成过剩。这过剩的精力向抵抗力最小的颜面和呼吸器官发泄为筋肉动作,于是才有笑。有时事变超过期待,所准备的精力不敷应用。这是“上升的乖讹”,结果不是笑而是惊奇(wonder)。

斯宾塞尔的“下降的乖讹”说在近代影响颇大。立普斯和弗洛伊德两人的学说都是从它发挥出来的。现在先讲立普斯说。

斯宾塞尔从生理学观点立论,他所要解释的是笑何以发生;立普斯从心理学观点立论,他所要解释的是笑所伴着的情感。他的要旨在把康德的期望消失说和斯宾塞尔的精力过剩说合并起来。在他看,可笑的情境都生于“大”“小”的悬殊。注意力正集中于“大”时,猛然跳出“小”来,它于是移注于“小”。这时的情感就是喜剧的情感,它却不纯是快感。专就质言,期“大”而得“小”

的失望原来带有几分痛感。但是就量说,准备的心力多而花费的心力少,心中却有一种“绰有余裕”的快感。喜剧的情境都是“大”和“小”的对比,“大”者一定在先,“小”者一定在后,“小”独立不见其可笑,和“大”相形才见绌。喜剧的情境不可无“大”,但是可笑者不在“大”而在“小”。比如大人戴小儿帽,和小儿戴大人帽,同为可笑,而可笑的理由却不同。在看大人戴小儿帽时,我们先注意到人,预期这样大人所戴的帽子一定和他的身材相称,他的头上偏有一顶不伦不类的小儿的帽子在那里耸起。人的“大”把帽的“小”映得格外分明,所以可笑者是帽不是人。在看小儿戴大人帽时,我们先注意到帽,预期这样一顶大帽下面一定有一个身材相配的人,但是他偏在小孩的头上。帽的“大”把人的“小”映得格外分明,所以可笑者是人不是帽。

我们对于这个“言之成理”的学说应该如何看待呢?这要分两层说。第一层,专就笑的生理学来说,暂时还没有圆满的解释,斯宾塞尔说是比较近于情理的。不过批评“游戏起于精力过剩”说的理由,也可以应用来批评“笑起于精力过剩”说。如果笑由于精力发泄,精力既已发泄之后即不能有笑,而好笑者遇到可笑的事往往愈笑愈起劲,这显然难用精力过剩说来解释。第二层,专就笑的心理学而言,“下降的乖讹说”除了一般“乖讹说”所有难点之外还另有它的特殊的难点。可笑的“乖讹”不尽是下降的。伊斯特曼(Eastman)说过,上面作跳马势的丑角猛然停住替马扫去一点灰固然可笑,但是在扫灰之后他如果出于意料地又跳过马背,也还是可笑,这一次的乖讹却不是下降的。萨利在他的《论笑》里攻击立普斯说的理由也颇充足。在发笑时我们所注意到的是整个的情境,并没有工夫去分析它的部分的大小先后。笑是突如其来的,我们并不曾拿“大”的观念来比较“小”的观念。比如立普斯所引的实例,大人戴小儿帽和小儿戴大人帽,可笑者本都只是一个整个的乖讹的情境,立普斯强立分别,以为前例可笑者是帽而后例可笑者是人,实在不明白知觉的特质。萨利说这番话时,完形派心理学还没有出世,现在完形派心理学已明白告诉我们,知觉是先统观整体而后以整体定部分的,立普斯说更难成立了。

六

康德的“期望消失说”和斯宾塞尔的“精力过剩说”,就心境由紧张而弛缓一个意义说,和“自由说”(liberty theory)有关联。法国的彭约恩(Penjon)、英国的倍恩、美国的杜威和克来恩(Kline),都是主张“自由说”的代表。倍恩说:“笑是严肃的反动。我们常觉得现实世界事物的尊严堂皇的样子是一种紧张的约束;如果突然间脱去这种约束,立刻就觉得喜溢眉宇,好比小学生在放学时的情形一样。”最难堪的约束就是心里本不想如此而面上却要扮得如此。如果心里觉得怎样,面上就表现怎样,那就是没有约束了。比如在做礼拜时,大家都很严肃虔敬地祈祷,猛然有一个人睡着打呼鼾,如果你真虔敬,自然厌恶他亵渎神圣,否则你会觉得他的呼鼾仿佛像沉闷天气中的偶然起来的凉风,给你一种轻松的感觉,使你从心里笑出来。礼节愈严重时,愈使人觉得些小的失仪为可笑。戎装盛服的军警,拘谨矜持的文吏,假扮面孔的伪善者,以及一切名存实去的礼俗制度和信仰都是极好的笑柄。这都由于我们以不是自然流露的严肃为苦事,一遇到机会就要把它摆脱。

推广一点说，现实世界和实际生活都是人生一种约束。笑也有时起于解脱这较广义的约束。现实世界是有条理法则的，所以乖舛[①]错误常能引起我们发笑。现实世界好比一池静水，可笑的事好比偶然吹起的微波，笑就是对于这种微波的欣赏。文化和自然常处在对敌的地位。文化愈进步，生活愈繁复，约束也愈紧张，自然也就愈不容易呈现。现代人个个都不免带有几分假面孔，把自然倾向压下去，来受礼俗制度以及种种实际需要的支配。维持这种紧张状况须费大量心力，所以是一件苦事。在嬉笑戏谑时，我们暂时把面具揭开，来享受一霎时的自由人的欢乐，所以彭约恩说："笑是自由的爆发，是自然摆脱文化的庆贺。"

这个"自由说"和弗洛伊德派的学说颇相近，后当详论。笑有时是起于自由的恢复，兵士在剧战和久围之后最喜笑谑，就是一个明证。但是"自由说"有时也不能适用。严肃者处处严肃，并不因其常紧张而在笑中寻解脱；好笑者处处好笑，也不因其少紧张而无须发笑。我们终日劳作，晚间坐下休息，也是由紧张而弛缓。这时候如果有亲朋助兴，笑谑固然容易起来，如果单独一个人，就绝不会发一阵狂笑来庆贺自由的恢复了。像柏格森所说的，笑不能离去社会的成分，由紧张而弛懈的变动虽是笑的助力，却不必是它的主因。

七

"精力过剩说"和"自由说"都隐含笑为游戏的意思。笑是不是一种游戏呢？英国萨利、法国杜嘉和美国莎笛斯都是主张笑为

---

① 乖舛(chuǎn)：①荒谬；错误。②不顺遂。

游戏说者。萨利说:“我们在发笑时和在游戏时的心绪是根本相同的。”他分析许多可笑的情境,以为它们都有游戏的成分在内。“姑先就对于新奇怪诞的事发笑来说,这不全是由于游戏的冲动吗?我们笑新奇怪诞,就由于暂时故意不把事认真,不顾到事物的实际上的、理论上的乃至于美感方面的性质和意象,专拿它们当玩具玩,以图赏心悦目。再譬如一位新来客破坏了一条规则,我们向他发笑,这也就是宣布这种错误并无妨碍,规则的破坏也可以当作一个笑柄来取乐。”莎笛斯说:“可笑的事物都是属于玩具之类。小孩子们在拿玩具游戏时要跳着笑,这是常见的。成人也欢喜拿玩具来取笑作乐。不过他们的玩具是经过化装的,比较更为复杂罢了。……玩具的性质随国别、年龄、环境而变迁,不过变来变去,都脱不去玩具的本色。我们借游戏取笑。游戏本能就是笑的原动力。”

同是从一个观点出发而所达到的结论往往相反,这是学问上一件很有趣的现象。譬如谷鲁斯和伊斯特曼也都是持“游戏说”者,但是一个把笑看作恶意的,一个把笑看作善意的。在谷鲁斯看,笑是争斗本能见于游戏,后来又加上乖讹的观念来助长势力。所以他的学说是“鄙夷说”“乖讹说”和“游戏说”所混合成的。伊斯特曼则取麦独孤[①]的本能定义做标准来分析诙谐(humour),以为诙谐就是一种本能,我们有诙谐本能,所以能拿游戏态度来看事物。连失意的事也可以变成快感的来源,只要我们能拿“一笑置之”的态度来看它。他说过这样一段很有意味的话:

① 麦独孤(1871—1938),20世纪早期著名心理学家,最早提出心理学是行为科学的理念。著有《生理心理学》《社会心理学导论》《变态的心理学纲要》等。

穆罕默德自夸能用虔信祈祷使山移到面前来。一大群徒弟围着来看他显这种本领,他尽管祈祷,山仍是岿然不动,他于是说:"好,山不来就穆罕默德,穆罕默德就去就山罢。"我们也是同样地竭精殚思来求世事恰如人意,到世事不尽如人意时,我们说:"好,我就在失意事中寻乐趣罢!"这就是诙谐。诙谐就像穆罕默德走去就山。它的生存是对于命运开玩笑。

这种诙谐本能和合群本能是互相携手的。笑就是亲善的表示。"语言之外,笑是把社会联络在一起的最重要的媒介。它似乎是人类合群本能中一个要素,表示人不是甘于寂静躺在同类的身旁咀嚼的动物,表示合群是他的天然的活动,也是他的极大的快乐。微笑是普遍的欢迎符号,大笑是向碰到的朋友致敬礼,都是一种很确定的亲善的表示。笑就是说:'对,不错''好!''我和你同情''我看见你真高兴!'一声微笑是使两个人相接近的媒介,不笑就是明白的告别。"

伊斯特曼的这个学说不但和霍布士的"鄙夷说"相反,就是和柏格森的"笑为社会的惩罚说"也不相容。他的"笑为快乐的表现说"是和常识相符合的。达尔文研究笑的颜面表现,结论也是如此。它可以补救霍布士和柏格森两说的欠缺。不过他把"鄙笑"置之不论,也是一个弱点。至于他和杜嘉、萨利诸人所共同主张的"游戏说",也可以包含"自由说"而却可以免去"自由说"的弱点,在近代各家学说之中可以说是最合理的。我们承认笑是一种游戏,不仅使游戏和艺术的关联更加显著,而且把笑的实用目的丢开,使嬉笑和诙谐的情感成为一种真正的美感。柏格森不承认笑为纯粹的美感，就因为他以为笑有改正丑拙言动一个实用目的，没有顾到笑的游戏性。

笑虽是一种游戏，却不完全和游戏是一件事，如萨利所说的。笑是不由人意的，突如其来的，被动的；游戏大半是有意的，主动的，可随时进行随时停止的。笑是人类所特有的（虽然少数学者说最高等动物也有能表现近于笑的面孔者，这究竟是例外）。游戏则为人和一般动物所公有的。我们可以说，笑是一种进化程度较高的游戏。真正的笑都是突如其来、不假思索的，所以也是形象直觉的结果。

八

现代关于笑和诙谐的学说除柏格森说之外，自然以弗洛伊德的“心力节省说”为最重要。我们故意把它留到现在才讲，因为它是“精力过剩说”“自由说”“游戏说”以及“鄙夷说”的合并，要先明白这几个学说，才能明白它的意义和价值。弗洛伊德在他的《诙谐和隐意识的关系》一书中并没有讨论全部喜剧心理学，他所讨论的只是其中一部分，就是关于诙谐的，尤其是以文字取巧的诙谐。

他分诙谐为两种，一是“无伤的诙谐（harmless wit）”，一是“倾向的诙谐（tendency wit）”。所谓无伤的诙谐就是“不虐之谑”，专在字面取巧。它尽管含有很深的意义，我们所得的快感却只在它的技巧方面。它的技巧有多种，大体略似“梦的工作”，有时是“凝聚”，把几个不同的意义聚在一起，有时是“代替”，言在此而意在彼。这些技巧都根据“节省”一个原则，一个字可以用来包含几个意义。海涅曾经说过这样的一个故事：“我坐在富翁劳特齐尔德的身旁,他待我像一个平辈一样,很 famillionaire。”famillionaire 这个字是两个字合并起来的,前半是 familiar,意谓“彼此很熟,很亲热,用不着客气”,后半是 millionaire,意谓“百万富豪”。他的意思是说:“他待我像一个老朋友,可是富豪的气派也还是在那里。”这两层意思在通常要用两句话说,现在用一个字就把它说得了无余韵。我们初听 famillionaire 这个奇怪字时,预期它有一种新奇的意义,可是了解之后,它的意义却是我们所习见习闻的。这可以说是双料的心力的节省。我们的快感就是由这种节省得来的。弗洛伊德又说我们嗜好这种诙谐时,是“退向”到婴儿游戏时的心境。所以专就“无伤的诙谐”而言,弗洛伊德的学说是从“精力过剩说”和“游戏说”脱胎出来的。

在“倾向的诙谐”中,弗洛伊德才把他的隐意识说渗进去。“倾向的诙谐”像梦一样,是隐意识中的欲望浮到意识中求满足。倾向分两种,一种是“性欲的倾向(sexual tendency)”,一种是“仇意的倾向(hostile tendency)”。满足性欲倾向的诙谐大半是淫猥的,针对异性而发,用意在挑拨性欲。一个女伶向一个求婚的富豪说她的心已许给别人了,富豪回答说:“马丹,我的希望并没有那样高!”那是淫猥诙谐的好例。满足仇意倾向的诙谐大半以压倒旁人来取乐。我们嘲笑仇人时惹起旁观者发笑,他的失败就是我们的快感的来源。有一位牧师问美国释奴运动家菲利普斯(Phillips)说:“先生要救济黑奴,何不到南美洲去呢?”他回答说:“先生不是以救济灵魂为职业吗?何以不到地狱中去呢?”这都是含有仇意的诙谐。这里弗洛伊德的意见似乎很近于霍布士说。性欲倾向和仇意倾向都是和礼俗制度相冲突的,在平时很难直接出现,一出现就要被意识的“检察作用”压抑下去。这种压抑的支持须耗费不少的心力。在诙谐中我们采用一种取巧的办法,将性欲倾向和仇意倾向所用的言语或动作,以游戏态度出之,使倾向可发泄而同时又不至失礼违法,受社会的裁制。

倾向诙谐的快感是多方面的。一、像上述无伤的诙谐一样,它可以借文字技巧引起"游戏快感"。二、倾向的满足也是快感的来源。三、倾向诙谐对于心力是两重节省,第一重是像无伤的诙谐从技巧方面所得的节省。第二重是移除压抑所费心力的节省,这第二重节省所生的快感,弗洛伊德称为"移除快感(removal pleasure)"。压抑既移除,被节省的心力于是自由发泄,见诸颜面而为笑。在诙谐时说者自己大半不笑,笑的大半是听者,因为说者和听者的心力发泄的速度不同。说者的心力发泄,好比钟的弹簧逐渐开展出来,只能丁当丁当地慢响;听者的心力发泄,好比炮机被触,来势甚促,轰然一声地就爆发出来了。从这一段解释看,弗洛伊德的话大半是前人所已说过的。他的新贡献只在拿"节省心力"和"移除压抑"两层道理来解释过剩精力所由来。

我们现在就来分析"节省心力"和"移除压抑"两个观念。就大旨言,"移除压抑"就是"自由说"所说的由紧张而弛缓,所不同者只是这种紧张在弗洛伊德说中起于意识和隐意识的相持,这是弗洛伊德对于"自由说"所加入的新成分。这一个说法能否成立,以弗洛伊德的隐意识说全部能否成立为转移。这个问题过大,不是本编所能解决。至于"节省心力"这个观念颇有毛病。第一,"节省"不尽能引起快感。这一层道理莎笛斯已经详细说过。凡是科学上的定律都是"心理上的缩写",用字有限而包含事例无穷,可以说是一种最经济的表现法。但是它显然不是一种诙谐。"凡物下坠""生物进化"种种原则都不能令人发笑。弗洛伊德并没有替诙谐时的“节省”寻出一个特点来。莎笛斯说:“在美感的活动中,经济学原理是完全不能适用的。这里的原则是‘余力’,不是‘节省’。游戏的唯一目的都在表现余力。”第二,在诙谐技巧中心力实在并没有节省。比如上述 famillionare 例子,就有些像一个难字谜,很要费一番心力才能寻出它的意义。假如直截了当地说“他待我像一个老朋友,不过还不免带有富豪气”,我们一听就懂得,心力节省得更多了。所以“节省”是很难成立的。

弗洛伊德的门徒扩充他的学说者颇多,最重要的是英国谷列格。在他看,爱的冲动被阻碍,心里于是起移除这种阻碍的精力;这种精力供过于求,于是乃发泄而为笑。这种学说仍然是弗洛伊德说和斯宾塞尔说的合并。我们对于这两说已经详论,所以不必再详论谷列格说。

九

此外关于笑和喜剧的言论还很多。谷列格曾编过关于这个问题的书籍目录,总共有三百几十种之多。而 1923 年以后所出的书尚不在其列。这许多分歧的意见绝非本文所能详论,不过我们总算把重要的学说讨论得很详细了。在这些纷纷众说之中,究竟哪一说最为圆满呢?哪一说是,哪一说非呢?它们都是,它们也都不是。它们都是,因为它们都含有几分真理,都各能解释一部分的事实。它们都不是,因为它们都想把片面的真理当作全部的真理,都想把笑和喜剧复杂的事例纳在一个很简短的公式里面。萨利说过:“关于喜笑的各种学说个个都不能推行无碍,就因为在‘复杂原因’特别鲜明的领域中,它们偏要寻出一个唯一无二的原因来。”这是一句至为精确的话。笑的种类不同,笑的情境不同,发笑者和被笑者的性质不同,笑的原因也自然不一致。这个道理我们只要把诸家学说摆在一起来参观互较,就可以见出。

第一件很刺眼的事实就是:诸家学说往往是互相冲突的。霍布士的"鄙夷说"和康德的"乖讹说"出世最早,影响也最大。它们一从情感出发,一从理智出发。后来学者如提倡"自由说""游戏说""隐意识说"以及"欢乐表现说"者都是从情感着眼;如叔本华、立普斯以及柏格森都是从理智着眼。柏格森并且说喜剧完全是理智的,和情感绝不相容。这是出发点的冲突。再就诸家互相比较来看,霍布士把笑完全看作恶意的,伊斯特曼把笑完全看作善意的;柏格森说笑有实用目的,萨利说笑是一种游戏;多数学者以为笑是喜感,柏拉图和后来几位德国学者则以为笑之中杂有痛感;柏格森以为可笑的事物是生气的机械化,笑是社会对于个人的纠正,持"自由说"者则以为可笑的事物是板滞现实中所露的变化,笑是个人对于社会习俗的反抗;弗洛伊德以为笑由于心力的节省,莎笛斯以为心力本来有余裕才发泄于笑。这都是完全相反的。这种矛盾如果不能证明这些学说都是错误,至少也可以证明它们都不是全部真理,都各有缺点。

但是在这些互相冲突的学说中我们也可以见出关联来。康德的"乖讹说"流衍为斯宾塞尔和立普斯的"下降乖讹说",斯宾塞尔的"精力过剩说"流衍为"自由说"和"游戏说",谷鲁斯拿"游戏说"来沟通"鄙夷说"和"乖讹说","自由说"和"精力过剩说"又流衍为弗洛伊德的"移除压抑说"。柏格森的学说,就其注重惩罚丑拙一点而言,半近于霍布士说;就其偏重理智一点而言,又半近于"乖讹说"。没有一个学说可以说是完全独立的,也没有一个学说可以说是和另一个学说是完全相反的。这种关联至少可以证明诸家学说并非不能互相调和补充。

总而言之,笑的原因甚多。像呵痒所引起的笑几乎纯粹是生理的。小儿的嬉笑由于欢乐,见朋友时的笑由于表示亲善。我们有时鄙笑仇人的丑拙的言动,有时对于自己的失败以“一笑置之”,表示自己比命运强悍,拿生命做玩具来戏弄。在大多数情境中笑都是一种游戏的活动,功用在使心境的紧张变为弛懈。笑有时是偏于情感的,仇意的诙谐和淫猥的诙谐都是要满足自然倾向。有时它偏于理智,情境的乖讹和文字的巧合都属于理智类的喜剧。笑是一种社会的活动,讽刺讥嘲的用意大半都是以游戏的口吻进改正的警告。喜剧家大半在无意识中都明白这些笑的来源,把它们利用在舞台上面,所以懂得日常生活中的笑,对于艺术上的喜剧也就能明白大要了。

笑的来源既不同,所生的快感也就不一致。笑的情感是否为美感呢?喜剧是否属于纯粹艺术呢?这是一个极难的问题。如果肯定地回答,则我们分析美感经验所得的不带实用目的而观赏形象一个原则不尽能适用。如果否定地回答,则莎士比亚和莫里哀的许多作品都须被摈于艺术之外。我们已经说过,柏格森以为笑是社会对于丑拙言动的警告,含有实用目的,不能算是纯粹的美感,但是社会所以要对于丑拙言动加以惩责,便是要求生活的美备,便是一种美感的表现。英人伽瑞特(Carritt)也以为笑是美感的表现,是对于丑的不满。他说:

> 历来诸家解释可笑的特性,都以为它和美是相关联的,也是相冲突的,都以为它是一种丑陋或缺陷。至于缺陷事物之所以令人发笑者,则他们都以为我们觉得自己优胜,或是

> 觉得自己能与这种缺陷事物相安。但是由此点更进一步,到厘定所说的缺陷、乖讹和优胜究竟是什么时,诸家的学说就彼此分歧,莫衷一是。有人说缺陷在理智方面,有人说缺陷在身体方面,又有人说缺陷在道德方面。在我看,它只是一种美感方面的缺陷。依据克罗齐的见解,凡是美感的缺陷都是由于表现不成功。感觉到美感的失败而对于丑陋起嫌恶时,唯一的救济的方法就是把它表现出来。所以如果可笑的事物确是美感的,那一定是由于它能表现我们对于丑陋的嫌恶。……凡是我们想看成有表现性而实无表现性的东西都是丑陋,我们意识到它的欠缺而把这种意识表现出来就是喜剧。

这段话暗合我们在第十章所说的丑的定义,以及本章所引的亚理斯多德的"可笑性是一种丑"的原则,它和柏格森的学说也很相近。一言以蔽之,笑虽非一种纯粹的美感,而它的存在却须先假定美感的存在。把生命当作艺术看,言动的丑陋也引起我们的嫌恶和讪笑。就这个意义说,喜剧的情感自然可以说是一种美感了。不过这种讪笑虽有纠正丑陋的效用,而却不必预存一种有意识的目的。笑都是突如其来的,不假思索的,所以见到可笑的事物而发笑,自然可以说是直觉形象的结果。

图书在版编目(CIP)数据

谈美书简/朱光潜著.—长沙:岳麓书社,2021.9
(名著导读名家讲解版/郭英德主编)
ISBN 978-7-5538-1529-9

Ⅰ.①谈… Ⅱ.①朱… Ⅲ.①美学—研究 Ⅳ.①B83

中国版本图书馆 CIP 数据核字(2021)第 152805 号

TAN MEI SHUJIAN

谈美书简

作　　者:朱光潜
策　　划:蔡　晟
责任编辑:王　彦
责任校对:舒　舍
封面设计:风格八号

岳麓书社出版发行
地址:湖南省长沙市爱民路 47 号
直销电话:0731-88804152　0731-88885616
邮编:410006

版次:2021 年 9 月第 1 版
印次:2021 年 9 月第 1 次印刷
开本:640mm×960mm　1/16
印张:14
字数:151 千字
书号:ISBN 978-7-5538-1529-9
定价:38.00 元

承印:长沙鸿发印务实业有限公司
如有印装质量问题,请与本社印务部联系
电话:0731-88884129

《谈美书简》考点分析

★美学泰斗朱光潜先生暮年心血之作

考点解析：1. 了解作者生平、著述及在美学领域的成就。2. 了解本书的成书背景，熟悉每篇书信的主要内容，提取作者的主要观点。3. 和《给青年的十二封信》《谈美》比较阅读，看看作者的美学思想发生了哪些改变。4. 感悟作者的人生态度、治学态度和研究方法，并加以学习。

★《谈美书简》必备知识

1. 基本知识

(1)了解作者

朱光潜(1897—1986)，安徽桐城人，别名孟实，现当代著名美学家、文艺理论家、翻译家，我国现代美学的开拓者和奠基者之一。1922 年毕业于香港大学文学院。1925 年留学英国爱丁堡大学，致力于文学、心理学与哲学的学习与研究，后在法国斯特拉斯堡大学获文科博士学位。1933 年回国后，历任四川大学、武汉大学、北京大学教授。1946 年后一直在北京大学任教，讲授美学与西方文学。他早年接受克罗齐、里普斯的美在直觉说、移情说。后提出美是主观与客观相统一而形成的物的形象，美是一种价值等观点。主要著作有《文艺心理学》《悲剧心理学》《西方美学史》《谈修养》《给青年的十二封信》《谈美》《诗论》《谈文学》《谈美书简》等。他的理论著作深入浅出，内容切实，文笔流畅，对提高青年的写作能力与艺术鉴赏能力颇有启迪。

朱光潜学贯中西，博古通今，是我国现代美学的开拓者和奠基者之一，也是第一个在中国广泛介绍西方美学的人。他以自己深湛的研究沟通了西方美学和中国传统美学，沟通了旧的唯心主义美学和马克思主义美学，沟通了“五四”以来中国现代美学和当代美学。他是中国美学史上一座横跨古今、沟通中外的“桥梁”，是我国现当代最负盛名并赢得崇高国际声誉的美学大师。1986 年 3 月 6 日，朱光潜在北京逝世。

(2)作品简介

①内容概述：《谈美书简》是朱光潜先生在暮年为“来信未复的朋友”写下的关于美学问题的统一回复，由十三封信结集而成。这本书是朱光潜先生对自己漫长美学生涯和美学思想的一次回顾和整理，它是用书信的形式呈现的，许多艰深晦

涩、抽象难懂的美学思想在朱光潜先生亲切、幽默的笔下变得简洁明晰、晓畅直白。

朱光潜先生在《谈美书简》中讨论了怎样学美学、关于马克思主义与美学的一些误解、艺术是一种生产劳动、形象思维与文艺的思想性、典型环境中的典型人物、审美范畴中的悲剧性和喜剧性、文学作为语言艺术的独特地位、浪漫主义和现实主义的关系，以及审美教育、怎样评价唯心主义美学家等等一系列重要的问题，特别是针对人性、人道主义、人情味、共同美和形象思维等涉及美学、文艺理论的基本问题，提出了自己的看法。在当时的语境中，很多问题都关系到中国现当代美学的发展方向，关系到美学在中国的前途和命运，因而广受学界的关注。

②创作背景：这本书是朱光潜先生于八十二岁高龄时写就的，当时刚刚粉碎"四人帮"，十一届三中全会也刚刚开过，全国正处于思想大解放的时代，一切都要拨乱反正，正本清源。"'四人帮'反党集团被一举粉碎之后，我才得到第二次解放，怀着舒畅的心情和老骥伏枥的壮志，重理美学旧业。"由于很多人求教美学问题，加上出版社的邀约，所以朱光潜先生写了这本书，"一则是要报答来信来访和来约者的盛意，二则是从解放以来我一直在抓紧时间学习马列主义经典著作，对过去自己的言论中错误和不妥处也日渐有所认识，理应趁这段行将就木的余年向读者做个检查或'交代'"。

③作品体裁：书信体，十三篇书信纵横捭阖、舒卷自如地谈论了自己的美学观点。

2. 章节要点

(1)《代前言：怎样学美学？》

这封信朱光潜先生主要谈论了自己写作《谈美书简》的原因以及回答了"怎样学美学？"这个问题，强调了美学治学的态度以及自己研究美学的经验、方法，特别强调学美学要真正地掌握和运用马列主义。

(2)《从现实生活出发还是从抽象概念出发？》

对于"'美的本质'是什么？"这一问题，朱光潜先生在这封信里谈论了自己的观点，他批评从抽象概念出发而不是从现实生活出发研究美学的方法，甚至认为那些从公式概念出发研究美学的人"败坏了文风和学风"，"会永远抓不着所谓'美的本质'"，强调了现实生活经验和文艺修养是研究美学所必备的基本条件。

(3)《谈人》

这封信里朱光潜批判了康德、尼采、叔本华、弗洛伊德等把人分割开来研究的观点，认为审美主题的人是"一个整体"，艺术作品必须向人这个整体说话。他认为"把人这个整体宰割开来成为若干片段，单挑其中一块来，就说人原来如此，或是说，这一点就是打开人这个秘密的锁钥，也是打开美学秘密的锁钥"，就如同传说中的盲人摸象，强调研究美学要有"人的整体"观点。

(4)《关于马克思主义与美学的一些误解》

这封信朱光潜先生回答了两个问题，第一个是："我们如果不弄通马克思主义，是否也可以研究美学?"第二个是："马克思主义创始人没有写过一部美学或文艺理论专著，是否就没有一个完整的美学体系呢?"

针对第一个问题，朱光潜先生认为"研究美学如果不弄通马克思主义，那就会走入死胡同"。针对第二个问题，朱光潜先生认为美学要在马克思主义大体系——辩证唯物主义和历史唯物主义中来理解，马克思主义美学体系是有完整体系的，只是"这个完整体系是经过长期发展而且散见于一系列著作中的"。他强调要研究马克思主义美学，不应该从选本之类出发，要从完整的经典著作出发；要多学习与美学密切相关的学科，还要学习马克思认真刻苦、勇猛前进的精神；另外，还要攻克外语难关，掌握相关资料。

(5)《艺术是一种生产劳动》

在这封信里，朱光潜先生认定"艺术是一种生产劳动，是精神方面的生产劳动，其实精神生产与物质生产是一致的，而且是相互依存的"。并引用了马克思《经济学—哲学手稿》《资本论》和恩格斯《自然辩证法》中的一些观点，来佐证"艺术来源于劳动"这一观点。

(6)《冲破文艺创作和美学中的一些禁区》

在这封信中，朱光潜先生鼓励文艺工作者冲破曾经在文艺创作和理论上的一些禁区，不要再畏首畏尾、裹足不前。这些禁区包括"人性论""人道主义""人情味""共同美感"，另外，还有"三突出"谬论中对于人物性格所设置的禁区。朱光潜先生详细论述了这些所谓"禁区"的不合理性，应该解放思想，按照文艺规律来繁荣文艺创作。

(7)《从生理学观点谈美与美感》

审美活动具体情况极其复杂，既涉及复杂的心理活动，又涉及复杂的生理活动。在这封信里，朱光潜先生谈了一些生理学常识，如节奏感、移情作用和内摹仿等，以便让我们更好地去认识美和美感。朱光潜先生认为"节奏是主观与客观的统一，也是心理和生理的统一。它是内心生活(思想和情趣)的传达媒介"，没法离开生理活动去谈美感、美的本质，另外，还论述了移情作用和内摹仿。最后，朱光潜先生认为，审美活动中主体和对象两方面的具体情况都极为复杂，我们当前的任务是先仔细调查和分析这些具体情况，而不是对美、美感、美的本质等做抽象的定义。

(8)《形象思维与文艺的思想性》

这封信里，朱光潜先生驳斥了"否认文艺要用形象思维"的观点。朱光潜先生认为"思维本身既是一种实践活动，又是一种认识活动"，"形象思维和抽象思维在实际生活中和文艺创作中都既有联系又有分别。我们既不应认为只有形象思维才在文艺创作中起作用，也不应认为文艺创作根本用不着形象思维，或根本否认形象思维的存在”。关于文艺的思想性，朱光潜先生认为“不必作为明确的概念性思想表达出来，而应该具体地形象地隐寓于故事情节发展之中”。

(9)《文学作为语言艺术的独特地位》

在这封信里，朱光潜先生指出文学在艺术范畴中处于独特地位。这篇文章中他谈论了艺术究竟是怎么一回事，艺术的门类，艺术之间的关系和差别等，探讨了文学作为语言艺术具有独特地位的原因，勉励大家要加强语文的基本功，并给出了加强语文基本功的方法和路径。

(10)《浪漫主义和现实主义》

在这封信里，朱光潜先生讲了浪漫主义和现实主义的起源、发展、流变和美学特点。他反对将“浪漫主义”或“现实主义”这样的称呼硬套到其他时代与民族的文艺创作上去，而主张从“浪漫主义的”或“现实主义的”创作方法的角度，对各时代和民族的文艺作出分析。与此同时，朱光潜还认为不能把浪漫主义与现实主义的区分绝对化，应该学会辩证统一地看问题。

(11)《典型环境中的典型人物》

在这封信里，朱光潜先生分析了艺术创作中典型人物在典型环境中的发展方向和流变趋势。他赞同马克思、恩格斯的典型观原则，认为典型环境起着决定典型人物性格的作用，并建议文艺工作者在研究剧本和小说时候，多应用马克思主义的典型观，对环境和人物性格都进行认真分析，对文学作品和美学理论的理解就会更深透些。

(12)《审美范畴中的悲剧性和喜剧性》

在这封信里，朱光潜先生提出，美与丑之外，对立而可混合或互转的还有崇高和秀美以及悲剧性与喜剧性两对审美范畴，并重点阐述了不同时代、不同国家、不同文化背景下的审美范畴的定义、种类和特点，特别介绍了审美范畴中的悲剧性和喜剧性。他认为，无论是悲剧还是喜剧，作为戏剧，都可以产生内容最复杂也最丰富的美感。把悲剧和喜剧截然分开在今天已经不妥当，因为现实世界的矛盾本来就很复杂，纵横交错，很难分出悲喜，悲喜交错正是世界矛盾对立斗争在文艺领域的反应，不仅在戏剧里如此，在一切其他艺术里也如此。

(13)《结束语：“还须弦外有余音”》

在这封信里，朱光潜先生回复了读者认为这本书“不大好懂”的问题，以及对“学美学应该读些什么书”的问题给出了学习指导，并解决了一些其他的疑惑，传授了自己学习美学的经验和方法，最后还表达了自己对青年一代的期许。

3. **艺术特色**

(1)采用书信体形式。

该书是朱光潜先生为了回答美学爱好者陆陆续续提出的问题而写成的，由于特定的读者对象，作者不能不考虑如何才能深入浅出地说明问题，让读者能够读懂看透，从而使艰深的美学概念、范畴、原理变得通俗易懂，所以作者没有采用学术专著的形式。

(2)语言形象、朴实、精确。

这本书以形象、朴实、精确、通俗的语言生动形象地解说艰深的美学范畴和原理。例如，作者为了说明美学研究的出发点的重要性，就用自己看的电影《巴黎圣母院》为例来说明。朱光潜以此来说明了什么是美，美来自何处，什么是自然美，什么是艺术美。读者会和作者一样，从敲钟人加西莫多身上，从生活本身找到答案，从而阐明了美的研究的出发点不是定义，而是生活本身。

★积累与拓展

1. 名言积累

①我们干的是科学工作，是一项必须实事求是、玩弄不得一点虚假的艰苦工作，既要清醒的头脑和坚定的恒心，也要有排除一切阻碍和干扰的勇气。

②艺术必根据自然，但艺术美并不等于自然美，而自然丑也可以转化为艺术美，这就说明了艺术家有描写丑恶的权利。

③单拿马克思来说，美学在他的整个思想大体系中只是一个小体系。小体系是不能脱离大体系来理解的。马克思主义大体系就是辩证唯物主义和历史唯物主义，以及从此生发出来的认识来自实践的基本观点。

④艺术是一种生产劳动，是精神方面的生产劳动，其实精神生产与物质生产是一致的，而且是互相依存的。

⑤节奏是主观与客观的统一，也是心理和生理的统一。它是内心生活(思想和情趣)的传达媒介。

⑥文艺的思想性主要表现于马克思主义创始人经常提到的倾向性(tendanz)。倾向性是一种总的趋向，不必作为明确的概念性思想表达出来，而应该具体地形象地隐寓于故事情节发展之中。

⑦不但表现在文艺作品中如此，世界观的总倾向表现在一个文艺作家身上也是如此。它不是几句抽象的口号教条所能表现出的，要看他的具体的一言一行。一个作家总有一种倾向，这种倾向是他毕生生活经验、文化教养和时代风尚所形成的。它总是思想和情感交融的统一体，形成他的人格的核心。

⑧艺术与“自然”(现实世界)是对立的，艺术的对象就是自然。就认识观点说，艺术是自然在人的头脑里的“反映”，是一种意识形态；就实践观点说，艺术是人对自然的加工改造，是一种劳动生产，所以艺术有“第二自然”之称。自然也有“人性”

的意思，并不全是外在于人的，也包括人自己和他的内心生活。

⑨我想请诸位特别注意的是语文的基本功。“工欲善其事，必先利其器”，语文就是文学的“器”。

⑩他们（马克思主义创始人）赋予典型环境中的典型人物性格以一种崭新的意义：典型环境是革命形势中的环境，典型人物也是站在革命方面的人物。

⑪这些动作情节还会是悲喜交错的，因为悲喜交错正是世界矛盾对立斗争在文艺领域的反映，不但在戏剧里是如此，在一切其他艺术里也是如此；不但在社会主义时代如此，在未来的共产主义时代也还是如此。

⑫学美学的人入手要做的第一件大事还是学好马列主义。

2. 名人故事

(1)“三此主义”，细水长流

在 20 世纪 30 年代，朱光潜立下了一个座右铭——“此身此时此地”，也叫“三此主义”，意为：此身应该做而且能够做的事，就得此身担当起，不推诿给旁人；此时应该做而且能够做的事，就得此时做，不推诿到未来；此地应该做而且能够做的事，就得在此地做，不推诿到想象中的另一地去做。简单来说，就是此时此刻此地，你要做的事情就立马做，不要用任何借口去推脱。这足以看出朱光潜的高度自我管理。在作为学生的时候，朱光潜一心向学，孜孜不倦。先后在香港大学、英国爱丁堡大学、伦敦大学、法国巴黎大学、斯特拉斯堡大学求学，获得了英国文学硕士和法国国家博士学位。身为老师的他教书育人，心向进步青年，努力为教育改革做贡献。朱光潜与叶圣陶、胡愈之等人合办立达学院，筹办开明书店和《一般》杂志。80 多岁的朱光潜依然专注学术，信心十足地承担起翻译维科著作《新科学》的任务。

(2)几乎同姓同名的朋友

1932 年，朱光潜出版了《谈美》，并在封面上附注上了“给青年的第十三封信”字样。作为《给青年的十二封信》的姐妹篇，该书籍得到了大众的喜爱追捧。随着图书的大卖，上海书摊竟然出现了盗版书。有一本署名为朱光溍，题目是《致青年》的书，该书也有一个副题：“给青年的十三封信”。就连封面设计也极其相似，书名字形，位置相仿，连一些直线中间嵌的星星都一样。所以，一位朋友寄这本书给朱光潜后，连朱光潜自己第一眼也没看出来，还以为是自己的作品。在看清之后，素来温文尔雅的朱光潜也不免有些气愤，决定给这位几乎同姓同名的人写一封信。在信中，朱光潜用幽默十足的语气，与这位朱光溍先生回溯了自己写《给青年的十二封信》的情形，并说当时是因为他的稚气与愚钝，都在此书中坦坦白白流露出，才会受到青年的喜爱。实际上是在劝告这位朱光溍先生，应当坦坦白白、老老实实做人。信的落款也十分有意思——“几乎和你同姓同名的朋友”。信当然是无法寄给朱光溍先生的，只好在《申报》上发表。

3. **精彩片段赏析**

(1)节奏是主观与客观的统一,也是心理和生理的统一。它是内心生活(思想和情趣)的传达媒介。艺术家把应表现的思想和情趣表现在音调和节奏里,听众就从这音调节奏中体验或感染到那种思想和情趣,从而引起同情与共鸣。

举具体事例来说,试比较分析一下这两段诗:

噫吁嚱? 危乎高哉! 蜀道之难,难于上青天! ……其险也若此,嗟尔远道之人胡为乎来哉!

——李白《蜀道难》

昵昵儿女语,恩怨相尔汝。划然变轩昂,猛士赴敌场。浮云柳絮无根蒂,天地阔远随飞扬。……跻攀分寸不可上,失势一落千丈强!

——韩愈《听颖师弹琴》

李诗突兀沉雄,使人得到崇高风格中的惊惧感觉,节奏比较慢,起伏不平。韩诗变化多姿,妙肖琴音由缠绵细腻,突然转到高昂开阔,反复荡漾,接着的两句就上升的艰险和下降的突兀作了强烈的对比。音调节奏恰恰传出琴音本身的变化。正确的朗诵须使音调节奏暗示出意象和情趣的变化发展。这就必然要引起呼吸、循环、发音等器官乃至全身筋肉的活动。你能离开这些复杂的生理活动而谈欣赏音调节奏的美感吗? 你能离开这种具体的美感而抽象地谈美的本质吗?

赏析:这段朱光潜先生论述"节奏是主观与客观的统一,也是心理和生理的统一"的文字可谓是精彩至极。他用李白《蜀道难》和韩愈《听颖师弹琴》来举例,他先描述了这两首的内在节奏,然后说"这就必然要引起呼吸、循环、发音等器官乃至全身筋肉的活动",所以,我们不能离开复杂的生理活动而谈欣赏音调节奏的美感,也不能离开具体的美感而抽象地谈论美的本质。

(2)这是一条曲折而又崎岖的道路,许多马克思主义美学信徒都没有勇气战胜困难而妄想找"捷径",于是语录式的《马克思恩格斯论文艺》之类支离破碎的选本就应运而起。人们就认为这些选本已把马克思主义美学的山珍海味烹调成了一盘"全家福",足供我们享受而有余了。专靠"吃现成饭"过活的人生活就不会过得好。要弄通马克思主义美学的完整体系,就不但要亲口咀嚼,不要靠人喂,而且还要亲自费力去采集原料,亲手去烹调,这样吃下去才易消化,才真正地受用。

赏析:这段文字朱光潜先生把马克思主义美学体系比喻成"山珍海味",把语录式的选本比喻成"全家福",以这种轻松幽默的形式,告诫文艺工作者不要妄图走"捷径"而从选本入手,应该从马克思、恩格斯的整本原著入手,要自己实打实地去学习、去消化,才有可能成功。

《谈美书简》自测题库

一、选择题

1. 学习美学的主要方法是采用(　　)的集中精力打歼灭战。

　A. 毛泽东　　B. 朱光潜　　C. 周恩来　　D. 朱德

2. 美学家们把(　　)比作"冻结的或凝固的音乐"。

　A. 语言　　B. 声音　　C. 建筑　　D. 雕塑

3. 下列不是朱光潜的作品的是(　　)

　A.《谈美书简》　　B.《文艺心理学》

　C.《语文常谈》　　D.《西方美学史》

4. 下列各项中不属于中国美学范畴的一项是(　　)

　A. 钟嵘的《诗品》　　B. 刘勰的《文心雕龙》

　C. 王国维的《人间词话》　　D. 贾思勰的《齐民要术》

5. 下列对《谈美书简》相关内容的理解,不正确的一项是(　　)

　A. "感时花溅泪,恨别鸟惊心"和"出师未捷身先死,长使英雄泪满襟"都体现了文学创作中"移情"的作用。

　B. "按照事物本来的样子去摹仿,按照事物为人所说所想的样子去摹仿,或是照事物的应当有的样子去摹仿"(亚里士多德《诗学》)分别指向现实主义的创作方法、神话传说的创作方法、浪漫主义的创作方法。

　C. 朱光潜先生并不赞同青年作家动辄就写长篇大作,而是建议大家留心生活,多写短小精悍的速写。

　D. 文学作品的倾向性应当从场面和情节中自然而然地流露出来,而不应当特别地把它指点出来。

6. 在下面一段文字横线处填入语句,衔接最恰当的一项是(　　)

　　朱光潜在《文艺心理学》中分析和解释美感经验,构建审美心理学说,走的是中西结合融通之路,________。前者为他的研究提供了哲学基础,后者是他研究的心理学根据,两者互相补充。其中克罗齐的美学思想对其美感经验研究产生了直接影响。

　①从接受西方美学的影响来说　②一个是从康德到克罗齐一脉相承的近代哲学美学　③用他的话说,就是"移西方美学之花接中国传统之木"　④对朱光潜研究美感经验产生最大影响的　⑤另一个是以心理距离说和移情说等为代表的近

代心理学美学

A. ③①④②⑤　　B. ③④①②⑤

C. ④①②⑤③　　D. ①④②⑤③

7. 阅读《文学作为语言艺术的独特地位》，下列说法不正确的一项是（　　）

A. 艺术之所以有“第二自然”之称，主要是因为，艺术是一种意识形态，是自然在人的头脑里的特殊“反映”。

B. 语言通过符号间接引起对事物的观念，因此不是感性的，这是文学作为语言艺术具有独特地位的首要原因。

C. 苏轼评价王维的创作“诗中有画，画中有诗”，这和中国传统的“诗画同源说”关系密切，也和本文观点基本一致。

D. 中国古典美学集中在诗文评论领域，西方美学直到文艺复兴时代，讨论的也主要是诗学和修辞学，可见文学的独特地位。

8. 阅读《审美范畴中的悲剧性和戏剧性》，下列不符合原文意思的一项是（　　）

A. 要想了解关于戏剧的诸多道理，就必须多研究“儿戏”，因为戏剧如同“儿戏”，能让人从中得到带有美感的快乐。

B. 人人都爱看戏，不少人还爱演戏，这使得戏剧愈来愈蓬勃发展，西方几个文艺鼎盛时代都由戏剧来领导整个时代的文艺风尚就是很好的证明。

C. 悲剧是由与我们类似且为着某个小错而遭到大祸的好人担任主角的，有着由福转祸的结构及悲惨结局的，既能引起恐惧和哀怜又不至使我们的正义感受到很大打击的故事。

D. 由于其他艺术或偏于视或偏于听，或偏于时间或偏于空间，或偏于静态或偏于动态，都不能使人完成释放苦闷、获得愉悦，因而戏剧是一个最好的“放风”渠道。

9. 阅读《关于马克思主义与美学的一些误解》，下列说法不正确的一项是（　　）

A. 我们提倡“解放思想”，但不能从马克思主义思想中“解放”出来。

B. 写过或者没有写过美学专著，和有没有完整的美学体系并不是一回事。

C. 马克思主义大体系就是辩证唯物主义和历史唯物主义，以及从此生发出来的认识来自实践的基本观点。

D. 学习马克思主义美学体系的困难在于要掌握整个体系，我们不必钻研一系列完整的经典著作，可以但研究选本。

10. 阅读《典型环境中的典型人物》，下列说法不正确的一项是（　　）

A. 亚里士多德强调艺术典型须显出事物的本质和规律，不是于事已然，而是于理已然。

B. 黑格尔把重点放在“理性显现”上，体现理想的人仍必须是一个活生生的有血有肉的人。

C. 恩格斯认为《城市姑娘》还不完全是现实主义的，因为作者对其中人物在消极被动方面的描绘，虽说是够典型，但促使他们行动的环境不够典型。

D. 典型环境是革命形势中的环境，典型人物也是站在革命方面的人物。

二、填空题

1.《谈美书简》全书由________封书信结集而成，包括三个方面内容：一是________；二是________；三是________。

2.《谈美书简》的主要艺术特色有：________、________。

3. 朱光潜的重要著作有________、________、________等，并有多种美学著作行世。

4.《谈美书简》中作者提到了怎样学习美学，即________、________、________等。

5.《谈美书简》中论述的美学理论有：________、________、________等。

6. 在《谈美书简》中，朱光潜探讨了具体的美学问题，提出了自己的看法，比如________、________、________等。

7. 在《谈美书简》中，朱光潜总结自己的切身体会，对某些错误思想和观点进行批判，号召大家突破________、________和________等文艺创作和美学中的藩篱。

8. 移情说的一个重要代表________反对从生理学观点来解释移植现象，主张要专用心理学观点，运用英国经验主义派的“________”来解释。

9. 审美范畴包括________、________、________等。

10. 在《谈美书简》一书中，朱光潜先生依据马克思主义的实践观和人的整体性观，提出了“________”这一美学观点。

三、判断题

1. 朱光潜在八十二岁高龄之际写下了《谈美书简》这本书。（　　）

2. 朱光潜先生引用了“条条大路通罗马”这条谚语，它是中国谚语。（　　）

3.《谈美》和《谈美书简》是同一本书。（　　）

4. 翻译是学好外文的主要途径之一。（　　）

5. 美有确切的定义，朱光潜赞同用抽象的概念给美下定义。（　　）

6. 审美判断是对象的形式所引起的快感。（　　）

7. 节奏是主观与客观的统一，也是心理和生理的统一。（　　）

8. 有机观是一种形而上学，机械观就接近于唯物辩证法。（　　）

9. 美学在马克思的整个思想大体系中只是一个小体系。（　　）

10. 人得到充分发展要靠自然得到充分发展，自然得到充分发展也要靠人得到充分发展。（　　）

四、材料概括分析题。

（一）

美与丑之外，对立而可混合或互转的还有崇高和秀美以及悲剧性与喜剧性两对审美范畴。既然叫作审美范畴，也就要隶属于美与丑这两个总的范畴之下。崇高（亦可叫作“雄伟”）与秀美的对立类似中国文论中的“阳刚”与“阴柔”。我在旧著《文艺心理学》第十五章里曾就此详细讨论过。例如狂风暴雨、峭岩悬瀑、老鹰古松之类自然景物以及莎士比亚的《李尔王》、米开朗琪罗的雕刻和绘画、贝多芬的《第九交响曲》、屈原的《离骚》、庄子的《逍遥游》和司马迁的《项羽本纪》、阮籍的《咏怀》、李白的《古风》一类文艺作品，都令人起崇高或雄伟之感。春风微雨、娇莺嫩柳、小溪曲涧荷塘之类自然景物和赵孟頫的字画、《花间集》、《红楼梦》里的林黛玉、《春江花月夜》乐曲之类文艺作品都令人起秀美之感。崇高的对象以巨大的体积或雄伟的精神气魄突然向我们压来，我们首先感到的是势不可挡，因而惊惧，紧接着这种自卑感就激起自尊感，要把自己提到雄伟对象的高度而鼓舞振奋，感到愉快。所以崇高感有一个由不愉快而转化到高度愉快的过程。一个人多受崇高事物的鼓舞可以消除鄙俗气，在人格上有所提高。至于秀美感则是对娇弱对象的同情和宠爱，自始至终是愉快的。刚柔相济，是人生应有的节奏。崇高固可贵，秀美也不可少。这两个审美范畴说明美感的复杂性，可以随人而异，也可以随对象而异。

（节选自朱光潜《谈美书简》）

1. 文中“崇高”和“秀美”各自的内涵是什么？

____

____

____

2. 文中列举了不少自然景物和文艺作品，有什么作用？

____

____

____

3. 从这段文字看，作者对“崇高”和“秀美”这两个审美范畴持什么看法？

____

____

____

（二）

恩格斯说：“我认为倾向应当从场面和情节中自然而然地流露出来，而不应当特别把它指点出来。”这就是说，倾向不应作为作者的主观见解，而应作为所写出的客观现实的趋势，自然而然地表现出来。用一个粗浅的比喻来说，如人饮水，但尝到盐味，见不到盐粒，盐完全溶解在水里。咸是客观事实，不是你要它咸他就咸。

世界观的总倾向表现在一个文艺作家身上也是如此。它不是几句抽象的口号教条所能表现出的，要看他的具体的一言一行。一个作家总有一种倾向，这种倾向是他毕生生活经验、文化教养和时代风尚所形成的。它总是思想和情感交融的统一体，形成他的人格的核心。也就是在这个意义上，文艺的“风格就是人格”。

作为语言艺术的文学里最感动人的也不是概念性思想而是生动具体的情感。如拿莎士比亚为例，你能从他的哪一部作品里探索出一些概念性的思想吗？确实有些批评家进行过这种探索，所得到的结论不过是他代表了文艺复兴进代的人道主义精神，就是这些概念（你自己也许还在将信将疑）使你受到感动和教育吗？就我个人来说，我至今还抓不住莎士比亚的思想体系，假如他有的话。在读他的作品时，首先是他所写出生动具体的典型环境下典型人物性格，其次是每部剧本里，特别在悲剧里，都表现出强烈的情感，强烈的爱和恨，强烈的悲和喜，强烈的憧憬和怅惘，强烈的讽刺和谑浪的笑傲，就是这些因素使我感到振奋，也使我感到苦闷。振奋也好，苦闷也好，心总在跳动，生命总在活跃地显出它的力量，这对于我就可心满意足了。

（节选自朱光潜《谈美书简》，有删改）

1. 阅读第一段，说说作品的“倾向”应该怎样表现出来。

2. 为什么说文艺的“风格就是人格”？

3. 阅读全文，说说就文艺创作而言，作者反对和提倡的观点分别是什么。

五、阅读题

（一）阅读下面的文字，完成题目。

①节奏是音乐、舞蹈和歌唱这些最原始也最普遍的三位一体的艺术所同具的一个要素。节奏不仅见于艺术作品，也见于人的生理活动。人体中呼吸、循环、运动等器官本身的自然的有规律的起伏流转就是节奏。人用他的感觉器官和运动器

官去应付审美对象时，如果对象所表现的节奏符合生理的自然节奏，人就感到和谐和愉快，否则就感到“拗”或“失调”，就不愉快。例如听京戏或鼓书，如果演奏艺术高超，像过去的杨小楼和刘宝全那样，我们便觉得每个字音和每一拍的长短高低快慢都恰到好处，有“流转如弹丸”之妙。如果某句落掉一拍，或某板偏高或偏低，我们全身筋肉就仿佛突然受到一种不愉快的震撼。这就叫作节奏感。为着跟上节奏，我们常用手脚去“打扳”，其实全身筋肉都在“打板”。这里还有心理上的“预期”作用。节奏总有一种习惯的模式。听到上一板，我们就“预期”下一板的长短高低快慢如何，如果下一板果然符合预期，美感便加强，否则美感就遭到破坏。在这种美或不美的节奏感里你能说它是纯粹主观的或纯粹客观的吗？或则说它纯粹是心理的或纯粹是生理的吗？

②节奏是主观与客观的统一，也是心理和生理的统一。它是内心生活（思想和情趣）的传达媒介。艺术家把应表现的思想和情趣表现在音调和节奏里，听众就从这音调节奏中体验或感染到那种思想和情趣，从而起同情共鸣。

举具体事例来说，试比较分析一下这两段诗：

噫吁嚱？危乎高哉！蜀道之难，难于上青天！……其险也若此，嗟尔远道之人胡为乎来哉！

——李白《蜀道难》

昵昵儿女语，恩怨相尔汝。划然变轩昂，猛士赴敌场。浮云柳絮无根蒂，天地阔远随飞扬。……跻攀分寸不可上，失势一落千丈强！

——韩愈《听颖师弹琴》

③李诗突兀沉雄，使人得到崇高风格中的惊惧感觉，节奏比较慢，起伏不平。韩诗变化多姿，妙肖琴音由缠绵细腻，突然转到高昂开阔，反复荡漾，接着的两句就上升的艰险和下降的突兀做了强烈的对比。音调节奏恰恰传出琴音本身的变化。正确的朗诵须使音调节奏暗示出意象和情趣的变化发展。这就必然要引起呼吸、循环、发音等器官乃至全身筋肉的活动。你能离开这些复杂的生理活动而谈欣赏音调节奏的美感吗？你能离开这种具体的美感而抽象地谈美的本质吗？

④节奏主要见于声音，但也不限于声音，形体长短大小粗细相错综，颜色深浅浓淡和不同调质相错综，也都可以见出规律和节奏。建筑也有它所特有的节奏，所以过去美学家们把建筑比作“冻结的或凝固的音乐”。一部文艺作品在布局上要有“起承转合”的节奏。我读姚雪垠同志的《李自成》，特别欣赏他在戎马仓皇的紧张局面之中穿插些明末宫廷生活之类安逸闲散的配搭，既见出反衬，也见出起伏的节奏，否则便会平板单调。我们有些音乐和文学方面的作品往往一味高昂紧张，就有缺乏节奏感的毛病。“张而不弛，吾不为也！”

（节选自朱光潜《谈美书简》）

1. 下列关于“节奏”的表述，不正确的一项是（　　）

A. 音乐、舞蹈和歌唱这些最原始最普遍的三位一体的艺术不能缺少的一个要素是节奏。

B. 节奏可以是呼吸、循环、运动等人体器官符合生理自然规律的起伏流转。

C. 当我们面对审美对象时，审美对象表现的节奏必须符合我们的生理自然节奏。

D. 引起听众同情共鸣的艺术，艺术家一定会把应表现的思想和情趣表现在音调和节奏里。

2. 下列理解和分析，不符合原文意思的一项是（　　）

A. 欣赏高超的艺术表演，当觉得每个字音和每拍的长短高低快慢都恰到好处时，这说明我们进入一种美的节奏感里。

B.《蜀道难》的节奏较慢且起伏不平，李白在突兀沉雄的气象中让人得到崇高风格中的惊惧感觉。

C. 欣赏艺术表演，当全身筋肉仿佛突然受到一种不愉快的震撼时，这说明我们的筋肉打板时没有跟上节奏。

D.《听颖师弹琴》变化多姿，妙肖琴音，是因为诗的音调节奏传达了琴音本身的变化。

3. 根据原文内容，下列说法不正确的一项是（　　）

A. 运用正确的音调节奏传达出作品的意象情趣及变化发展，这样的朗读一定很有美感。

B. 节奏见于多种艺术形式中，因为无论是声音、形状、色彩抑或语言文字，都有自己的起伏流转。

C. 节奏感既是客观的也是主观的，既是生理的又是心理的；第三段结句的两个反问，说明了节奏美感的特性。

D. “张而不弛，吾不为也”，作者引用这句话是为了说明，特别高昂、紧张的音乐文学作品，我们一般人是到不了这种境界的。

(二)阅读下面的文字，完成题目。

诗和其他艺术都是情感的流露。情感是心理中极原始的一种要素。人在理智未发达之前先已有情感；在理智既发达之后，情感仍然是理智的驱遣者。情感是心感于物所起的激动，其中有许多人所共同的成分，也有某个人所特有的成分。这就是说，情感一方面有群性，一方面也有个性，群性是得诸遗传的，是永恒的，不易变化的；个性是成于环境的，是随环境而变化的。所谓“心感于物”，就是以得诸遗传的本能的倾向对付随人而异、随时而异的环境。环境随人随时而异，所以人类的情感时时在变化；遗传的倾向为多数人所共同，所以情感在变化之中有不变化者存在。

……艺术是情感的返照，它也有群性和个性的分别，它在变化之中也要有不变化者存在。比如单拿诗来说，四言、五言、七言、古、律、绝、词的交替是变化，而音节的需要则为变化中的不变化者。变化就是创造，不变化就是因袭。把不变化者归纳成为原则，就是自然律。这种自然律可以用为规范律，因为它本来是人类共同的情感的需要。但是只有群性而无个性，只有整齐而无变化，只有因袭而无创造，也就不能产生艺术。末流忘记这个道理，所以往往把格律变成死板的形式。

格律在经过形式化之后往往使人受拘束，这是事实，但是这决不是格律本身的罪过，我们不能因噎废食。格律不能束缚天才，也不能把庸手提拔到艺术家的地位。如果真是诗人，格律会受他奴使；如果不是诗人，有格律他的诗固然腐滥，无格律它也还是腐滥。

古今大艺术家大半都从格律入手。艺术须寓整齐于变化。一味齐整，如钟摆摇动声，固然单调；一味变化，如市场嘈杂声，也还是单调。由整齐到变化易，由变化到整齐难。从整齐入手，创造的本能和特别情境的需要会使作者在整齐之中求变化以避免单调。从变化入手，则变化之上不能再有变化，本来是求新奇而结果却仍还于单调。

古今大艺术家大半后来都做到脱化格律的境界。他们都从束缚中挣扎得自由，从整齐中酝酿出变化。格律是死方法，全赖人能活用。善用格律者好比打网球，打到娴熟时虽无心于球规而自合于球规。在不识球规者看，球手好像纵横如意，略无牵就规范的痕迹；在识球规者看，他却处处循规蹈矩。姜白石说得好："文以文而工，不以文而妙。"工在格律而妙则在神髓风骨。

孔夫子自道修养经验说："七十而从心所欲，不逾矩。"这是道德家的极境，也是艺术家的极境。"从心所欲，不逾矩"，艺术的创造活动尽于这七个字了。"从心所欲"者往往"逾矩"，"不逾矩"者又往往不能"从心所欲"。凡是艺术家都要能打破这个矛盾。孔夫子到快要死的时候才做到这种境界，可见循格律而能脱化格律，大非易事了。

（节选自朱光潜《谈美》）

1. 下列关于"格律"的表述，不符合原文意思的一项是（　　）

A. 格律是诗歌中的不变化者，体现的是整齐、规范和人类共同的情感需要。但只有整齐而无变化，只有因袭而无创造，格律就会变成死板的形式。

B. 格律在经过形式化之后往往使人受拘束，但这并不是格律本身的罪过，而是人不能活用它造成的，因此，我们不能因噎废食。

C. 格律不能束缚天才，天才之作往往工在格律而妙在神髓风骨。格律也不能把庸手提拔到艺术家的地位，即使他遵循了格律，诗歌也仍然腐滥。

D. 古今大艺术家的创造活动都从格律入手，但后来都达到了脱化格律的境界；是创造的本能和特别情境的需要使他们在整齐之中求变化，避免了单调。

2. 下列理解，不符合原文意思的一项是（　　）

A. 情感是心理中极原始的一种要素，它先于理智而产生，但在理智发达之后，它又会受到理智的驱遣。

B. 艺术是情感的流露，它也有群性和个性之别，讲究寓整齐于变化，但由整齐到变化易，由变化到整齐难。

C. 诗歌从四言、五言到七言，从古、律、绝到词，体现的是形式的变化，但它们在音节上都讲究格律，体现的又是诗歌的共同特点。

D. “从心所欲”和“不逾矩”是一对矛盾，艺术家要打破这个矛盾，做到循格律而能脱化格律，这是非常不容易的。

3. 下列理解和分析，不符合原文内容的一项是（　　）

A. 情感是心感于物所起的激动，它一方面有群性，另一方面也有个性。群性由遗传得来，不易变化；个性则成于环境，会随着环境而变化。

B. 作者认为善用格律者好比打网球，旨在说明将格律用到出神入化的境界时，就可以超越格律的束缚而达到自由的创作境界。

C. 作者认为一味变化也还是单调，所以他不主张从变化入手，认为变化之上不能再有变化，本来是求新奇而结果却仍还于单调。

D. “从心所欲，不逾矩”是道德家和艺术家所追求的最高境界，这也说明道德与艺术常常是相关联的，道德境界高的人往往也能在艺术上达到较高的境界。

（三）阅读下面的文字，完成题目。

中国先秦诸子有一句老话：“人尽其能，地尽其利。”“人尽其能”就是彻底的人道主义，“地尽其利”就是彻底的自然主义。不过这句中国老话没有揭示人与自然的统一和互相因依，只表达了对太平盛世的一种朴素的愿望。马克思却不仅揭示了人与自然的统一，而且替共产主义奠定了一个坚实的哲学基础，实际上也替美学和艺术奠定了一个马克思主义的哲学基础。就是在讨论人与自然的统一时，马克思提出了“美的规律”，我们不妨细心研究一下马克思的原话：

通过实践来创造一个对象世界，即对有机自然界进行加工改造，就证实了人是一种存在。……动物固然也生产，它替自己营巢造窝，例如蜜蜂、海狸和蚂蚁之类。但是动物只制造它自己及其后代直接需要的东西，它们只片面地生产，而人却全面地生产；动物只有在肉体直接需要的支配之下才生产，而人却在不受肉体需要的支配时也生产，而且只有在不受肉体需要的支配时，人才真正地生产；动物只生产动物，而人却再生产整个自然界；动物的产品直接联系到它的肉体，而人却自由地对待他的产品。动物只按照它所属的那个物种的标准和需要去制造，而人却知道怎样按照每个物种的标准来生产，而且知道怎样到处把本身固有的标准运用到对象上来制造，因此，人还按照美的规律来制造。

从这段重要文献可以看出以下几点：

一、精神生产和物质生产的一致性。人通过劳动实践对自然加工改造，创造出一个对象世界。这条原则既适用于工农业的物质生产，也适用于包括文艺在内的精神生产。这两种生产都既要根据自然，又要对自然加工改造，这就肯定了文艺的现实主义，排除了文艺流派中的自然主义。

二、人不同于动物在于人有自意识（即自觉性）。他意识到自己就是人类一个成员，而且根据这种认识来生产。动物只在受肉体直接需要的支配之下片面地生产，人却是根据人类的深远需要全面地自由地生产。这就肯定了文艺的广阔题材和社会功用。具体的实例是蜜蜂营巢和建筑师仿制蜂房的分别。

三、"人还按照美的规律来制造。"人的生产无论是精神的还是物质的，都与美有联系，而美有美的规律。这句话前面有"因此"连接词，足见是总结全段上文。"此"显然指上文所列的两条：一条是人"知道怎样按照每个物种的标准来生产"。标准就是由每个物种的需要来决定的规律。动物只按自己所属的那个物种的直接需要来制造，例如蜂营巢，人却全面地自由地生产，能运用每个物种的标准，例如建筑师既能仿制蜂巢，又能建造高楼大厦和其他工程。这就是前一条的要求。另一条比前一条更进了一步，人"知道怎样到处把本身固有的标准运用到对象上去来制造"。这本身固有的标准是属于对象的，也就是根据对象本身固有的规律。恩格斯论述"从猿到人"时说："我们对自然界的整个统治，是在于我们比一切其他动物强，能够认识和正确运用自然规律。"马克思所说的"对象本身固有的规律"也就是恩格斯所说的"自然规律"。就文艺来说，这就涉及认识整个客观世界和人们所曾探讨的文艺本身的各种规律。可见"美的规律"是非常广泛的，也可以说就是美学本身的研究对象。

（节选自朱光潜《谈美书简》）

1. 下列说法符合文意的一项是（　　）

A. 蚂蚁建造巢穴，是出于它们的直接需要，这只是片面的生产。

B. "人尽其能，地尽其利"的说法，既表达了对太平盛世的朴素愿望，又揭示了人与自然的统一。

C. 动物只按照它所属的那个物种的标准和需要去制造，它只生产自己直接需要的东西。

D. 人不同于动物在于人有自意识（即自觉性）。他根据这种意识来生产，并认识到自己就是人类一个成员。

2. 下列说法符合文意的一项是（　　）

A. 精神生产既要根据自然，又要对自然加工改造，其典型的例子就是文艺流派中的自然主义。

B. 人通过劳动实践对自然加工改造，这只体现在工农业的物质生产中。

C. 美学本身的研究对象就是“美的规律”。

D. 建筑师既能仿制蜂巢，又能建造高楼大厦和其他工程，这充分证明了人能全面地自由地生产。

3. 下列现象符合文中“人还按照美的规律来制造”的一项是(　　)

A.“人有多大胆，地有多大产。”

B. 顽皮的孩子用蚯蚓来钓鱼，并在河边烤鱼吃。

C. 人们根据环境特征和水鸟特性，建立迷人的湿地公园。

D. 又饥又渴的路人采摘路边又大又红的苹果。

(四)阅读下面的文字，完成题目。

谈　人

世间事物最复杂因而最难懂的莫过人，懂得人就会懂得你自己。希腊人把“懂得你自己”看作人的最高智慧。人不像木石只有物质，而且还有意识，有情感，有意志，总而言之，有心灵。西方有一句古谚：“人有一半是魔鬼，一半是仙子。”魔鬼固诡诈多端，仙子也渺茫难测。

作为一种动物，人是人类学的研究对象。他经过无数亿万年才由单细胞生物发展到猿，又经过无数亿万年才由类人猿发展到人。正如人的面貌还有类人猿的遗迹，人的习性中也还保留着一些兽性，即心理学家所说的“本能”。

我们这些文明人是由原始人或野蛮人演变来的，除兽性之外还保留着原始人的一些习性。要了解现代社会中的人，还须了解我们的原始祖先。所以马克思特别重视摩根的《古代社会》，把它细读过并且加过评注。恩格斯也根据古代社会的资料，写出了《家庭、私有制和国家的起源》。在《自然辩证法》一书中，恩格斯还详细论述了劳动在从猿到人转变过程中的作用，谈到了人手的演变，这对研究美学是特别重要的。古代不仅是家庭、私有制和国家政权的摇篮，而且也是宗教、神话和艺术的发祥地。数典不能忘祖，这笔账不能不算。

从人类学和古代社会的研究来看，艺术和美并不是起源于抽象概念，而是起于吃饭穿衣、男婚女嫁、猎获野兽、打群仗来劫掠食物和女俘以及劳动生产之类日常生活实践中极平凡卑微的活动。中国的儒家有一句老话：“食、色，性也。”“食”是保持个体生命的经济基础，“色”是延续种族生命的男女配合。艺术和美也最先见于食色。汉文“美”字就起于羊羹的味道，中外文都把“趣味”来指“审美力”。原始民族很早就讲究美，从事艺术活动。他们用发亮耀眼的颜料把身体涂得漆黑或绯红，唱歌作乐和跳舞来吸引情侣，或庆祝狩猎、战争的胜利。

在近代，人是心理学研究的主要对象。一个活人时时刻刻要和外界事物(自然和社会)打交道，这就是生活。生活是人从实践到认识，又从认识到实践的不断反复流转的发展过程。因为生活的需要，人在不断地改造自然和社会，同时也不断地改造自己。心理学把这种复杂过程简化为从刺激到反应往而复返的循环弧。外界事物刺激人的各种感觉神经，把映像传到脑神经中枢，在脑里引起对对象的初步感性认识，激发了伏根很深的本能和情感(如快感和痛感以及较复杂的情绪和情操)，发动了采取行动来应付当前局面的思考和意志，于是脑中枢把感觉神经拨转到运动神经，把意志转达到相应的运动器官，如手足肩背之类，使它实现为行动。哲学和心理学一向把整个运动分为知(认知)、情(情感)和意(意志)这三种活动，大体上是正确的。

(节选自朱光潜《谈美书简》，有删改)

1. 下列关于“人”的理解，符合原文的一项是(　　)

A. “懂得你自己”是人类的最高智慧，人类只要能够懂得自己，也就能懂得人。

B. 人是由单细胞生物发展到猿，再由类人猿发展到原始人进而发展到文明人的。

C. 进化过程中遗留在人类身上的一部分“兽性”和原始人的一些习性构成了人的“本能”。

D. 人的所谓“生活”就是时时刻刻地和外界打交道，不断地认识和适应外部世界。

2. 下列关于“艺术”和“美”的表述，不符合原文意思的一项是(　　)

A. 艺术和美并不是起源于抽象概念，而是起于吃饭穿衣等日常生活实践中极平凡卑微的活动。

B. 儒家说：“食、色，性也。”在“食”和“色”这两大人类本性的具体行为中便蕴藏着艺术和美。

C. “食”是保持个体生命的经济基础，“色”是延续种族生命的男女配合，它们都属于艺术美的范畴。

D. 原始民族把身体涂得漆黑或绯红，用唱歌、跳舞来吸引情侣，或庆祝狩猎、战争的胜利，这都是艺术活动。

3. 下列表述，符合原文意思的一项是(　　)

A. 人不像木石只有物质，而且还有意识，有情感，有意志，也就是有心灵。所以，人是世间万物中最难懂的。

B. 文章引用西方古谚“人有一半是魔鬼，一半是仙子”是为了说明人的性格是具有两面性的，不能把人简单分类。

C. 在《自然辩证法》中，恩格斯论述了劳动在从猿到人转变过程中的作用，谈到了人手的演变、进化的历史，就是美的历史。

D. 哲学和心理学把人们认识世界的整个运动分为知(认知)、情(情感)和意(意志)这三种活动，大体上是正确的。

（五）阅读下面的文字，完成题目。

审美范畴中的悲剧性和喜剧性

悲剧和喜剧这一对范畴在西方美学思想发展中一向就占据特别重要的地位。悲剧和喜剧都属于戏剧，在分谈悲剧与喜剧之前，应先谈一下戏剧总类的性质。戏剧是对人物动作情节的直接摹仿，不是只当作故事来叙述，而是用活人为媒介，当着观众直接扮演出来，所以它是一种最生动鲜明的艺术，也是一种和观众打成一片的艺术。人人都爱看戏，不少的人都爱演戏。戏剧愈来愈蓬勃发展。黑格尔曾把戏剧放在艺术发展的顶峰。西方几个文艺鼎盛时代，例如古代的希腊，文艺复兴时代的英国、西班牙和法国，浪漫运动时代的德国都由戏剧来领导整个时代的文艺风尚。我们不禁要问：戏剧这个崇高地位是怎样得来的？

多研究一下“儿戏”，就可以了解关于戏剧的许多道理。首先是儿童从游戏中得到很大的快乐。这种快乐之中就带有美感。马克思论劳动，也说过美感就是人使各种本质力量能发挥作用的乐趣。因此，不能否定文艺（包括戏剧）的消遣作用，消遣的不是时光而是过剩的精力。要惩罚囚犯，把他放在监狱里还戴上手铐脚镣，就是逼他不能自由动弹而受苦，所以囚犯总是眼巴巴地望着“放风”的时刻。戏剧是一个最好的“放风”渠道，因为其他艺术都有所偏，偏于视或偏于听，偏于时间或偏于空间，偏于静态或偏于动态，而戏剧却是综合性最强的艺术，以活人演活事，使全身力量都有发挥作用的余地，而且置身广大群众中，可以有同忧同乐的社会感。所以，无论是悲剧还是喜剧，作为戏剧，都可以产生这种内容最复杂也最丰富的美感。

不过悲喜毕竟有所不同，关于悲剧的喜感，西方历来都以亚理斯多德在《诗学》里的悲剧净化论为根据来进行争辩或补充。依亚理斯多德的看法，悲剧应有由福转祸的结构，结局应该是悲惨的。理想的悲剧主角应该是“和我们自己类似的”好人，为着小过失而遭到大祸，不是罪有应得，也不是完全无过错，这样才既能引起恐惧和哀怜，又不至使我们的正义感受到很大的打击。恐惧和哀怜这两种悲剧情感本来都是不健康的，悲剧激起它们，就导致它们的“净化”或“发散”，因为像脓包一样，把它戳穿，让它发散掉，就减轻它的毒力，所以对人在心理上起健康作用。这一说就是近代心理分析源弗洛伊德的“欲望升华”或“发散治疗”说的滥觞。他认为，人心深处有些原始欲望和文明社会的道德法律不相容，被压抑到下意识里形成“情意综”，作为许多精神病例的病根。但是这种原始欲望也可采取化装的形式，例如神话、梦、幻想和文艺作品往往就是原始欲望的化装表现。弗洛伊德从这种观点出发，对西方神话、史诗、悲剧乃至近代一些伟大艺术家的作品进行心理分析来证明文艺是“原始欲望的升华”。这一说法貌似离奇，但其中是否包含有合理因素，是个尚待研究的问题。他的观点在现代西方还有很大的影响。

（节选自朱光潜《谈美书简》，有删改）

1. 下列关于原文内容的表述. 不正确的一项是(　　)

A. 戏剧是一种用活人为媒介当着观众直接模仿人物动作情节、和观众打成一片的最生动鲜明的艺术。

B. 戏剧是综合性最强的艺术，无论是悲剧还是喜剧，都可以产生内容最复杂也最丰富的美感。

C. 因为黑格尔曾把戏剧放在艺术发展的顶峰，所以在西方美学思想发展中，悲剧和喜剧这一对范畴一直以来就占据着特别重要的地位。

D. 悲剧激起恐惧和哀怜这两种本来不健康的悲剧情感，使它们得以“净化”或“发散”，从而起到健康人的心理的作用。

2. 下列理解和分析，不符合原文意思的一项是(　　)

A. 人人都爱看戏，不少人还爱演戏，这使得戏剧愈来愈蓬勃发展，西方几个文艺鼎盛时代都是由戏剧来领导整个时代的文艺风尚的。

B. 要想了解关于戏剧的诸多道理，就必须多研究“儿戏”，因为戏剧如同“儿戏”，能让人从中得到带有美感的快乐。

C. 马克思认为美感是使人的各种本质力量能发挥作用的乐趣，因而我们应该肯定包括戏剧在内的文艺形式具有消遣过剩精力的作用。

D. 由于其他艺术在视与听、时间与空间、静态与动态等方面都各有偏侧，都不能使人完全释放苦闷、获得愉悦。因而戏剧是一个最好的“放风”渠道。

3. 根据原文内容，下列理解和分析不正确的一项是(　　)

A. 研究表明，神话、史诗、悲剧乃至近代一些伟大艺术家的作品等都是人类“原始欲望的升华”，这一观点在现代西方仍有很大的影响。

B. 弗洛伊德认为，人心深处有些和文明社会的道德法律不相容而被压抑的情结，但它也可采用化装的形式，通过文艺作品进行宣泄。

C. 关汉卿在《窦娥冤》中塑造窦娥这一好人担任主角，其中的故事有着由福转祸的结构以及悲惨的结局，没有使我们的正义感受到很大打击。

D. 古希腊，文艺复兴时期的英国、西班牙和法国，浪漫主义运动时代的德国，都由戏剧领导整个时代的文艺风尚，可见戏剧在西方享有崇高的地位。

(六)阅读下面的文字，完成题目。

美的人生

19 世纪 20 年代的中国，政治局面非常动荡。朱光潜同情进步青年的爱国运动与革命活动，他想走教育救国的路子。1924 年 6 月朱光潜发表了《私人创校计划》，指责官办教育腐败，提出“教育独立自由”等改革教育的主张。1925 年春天，朱光潜与友人一道创办了上海立达中学，后来又成立立达学会。他们希望从改革教育入手，通过独立自由的新型教育，培养一批有舍己为群精神、具备近代科学所赋予的知识与方法的理想人物，进而改造国民，改造政府，改造中国。他们接着又筹办了开明书店和名为《一般》的杂志。书店用“开明”二字，是因为他们志在开展启蒙运动；“一般”则是面向中学生，寄希望于对青年一代作启蒙主义的教育。朱光潜此后的许多著述都是在开明书店和《一般》杂志上发表的。从1926年到1928年，他在《一般》杂志上发表了有关青年修养的十二篇文章，这些文章后来辑成《给青年的十二封信》一书，由开明书店出版。这十二封信，既告诉青年在当时不完美的世界中应如何做人做学问，又告诉青年应该如何去避免不良习俗的诱惑与内心的苦闷和烦恼。这对当时的青年，有如一阵阵警钟，又有如一帖帖清凉散。后来，人们称朱光潜为“开明人”。

1925年夏，朱光潜接到了安徽官费留英的录取通知。从1925年到1933年，朱光潜在英、法、德留学八年之久。虽是官费留学生，但官费经常发不到手，经济拮据，于是朱光潜想出一个办法，就是一边学习，一边写作，靠稿费维持生活。况且，一边学习，一边写作反倒能促进更细致的思考。有关青年修养的十二篇文章发表之后，《文艺心理学》《谈美》也陆续问世，《诗论》写出初稿，这些书文笔优美精炼，说理明晰透彻，见解独到精辟，蜚声海内外学术界。

1933年，朱光潜从马赛乘船返回国，任北京大学西语系教授，给学生讲外国文学课和美学课。朱光潜的课，反响非常热烈，于是朱自清邀请他在清华大学中文系研究班讲了一年《文艺心理学》，后来老友徐悲鸿又约朱光潜在中央艺术学院讲了一年。据当时在清华听过朱先生课的学生季羡林说：“这一门课非同凡响，是我最满意的一门课，比那些英、美、法、德等国来的外籍教授所开的课好到不能比的程度。朱先生不是那种口若悬河的人，他的口才并不好，讲一口带安徽味的蓝青官话，听起来并不美，然而却没有废话，每一句话都清清楚楚。他介绍西方各国流行的文艺理论，有时候举一些中国旧诗词作例子，并不牵强附会，我们一听就懂。对那些古里古怪的理论，他确实能讲出一个道理来，我听起来津津有味。因此，在开课以后不久，我就爱上了这一门课，每周盼望上课成为我的乐趣了。”季羡林还说，朱光潜“老老实实，本本分分，自己认识到什么程度，就讲到什么程度。一步一个脚印，无形中影响了学生”。

1963年，朱光潜完成了高教部全国高等文科教材会议委托他编写的《西方美学史》。这部50万字的扛鼎之作是他后半生的心血结晶，他自己也认为是“代表了迄今为止中国对西方美学的研究水平”。这并非过誉之词！朱光潜为写这部书，几乎把西方美学历史上有影响的著作都逐章逐节地翻译了过来。在时隔近半个世纪的今天，人们依然很难找到一本在体系的完整、内容的详尽方面胜得过这本“美学史”的书。

如今，朱光潜走了，但把美留给了人间……

（摘编自宛小平《欣慨交心：朱光潜小传》）

相关链接

①朱光潜学贯中西，博古通今。他以自己深湛的研究沟通了西方美学和中国传统美学，沟通了“五四”以来中国现代美学和当代美学。他是中国美学史上一座横跨古今、沟通中外的“桥梁”，是我国现当代最负盛名并赢得崇高国际声誉的美学大师。（百度百科）

②他是一个纯粹的学者。他只专注于学术，心无旁骛。作为学者，他最突出的精神品质是“毅”与“勤”，像他那样作出了厚重的学术业绩，写出了那么大量的论著与译著……如果不是每天从不懈怠、坚持长时间艰苦的脑力劳动，那是不可能达到的。（柳鸣九《我的师长朱光潜》）

③人生本来就是一种较广义的艺术，每个人的生命史就是他自己的作品。这种作品可以是艺术的，也可以不是艺术的，正犹如同是一种顽石，这个人能把它雕成一座伟大的雕像，而另一个人却不能使它“成器”，分别全在性分与修养。（朱光潜《谈美》）

1. 下列对传记有关内容的分析和概括，最恰当的两项是（　　）（　　）

A. 朱光潜认为人生也是一种艺术，能否使自己的生命史成为艺术作品，主要在于一个人的性分与修养。朱光潜的生命史便是一部“美”的艺术作品。

B. 在非常动荡的政治局面中，朱光潜与友人在上海创办了立达中学和立达学会，希望通过新型教育培养一批新人，进而改造国民、政府、国家。

C. 朱光潜虽然是官费留学生，但在欧洲留学期间官费常常不能如期发放，他便一边学习，一边写作，这样做的好处就是可以赚取稿费来维持生活。

D. 朱光潜的著作《文艺心理学》《谈美》等在他留学归国前就已蜚声海内外学术界，所以他回国后就先后被邀请到北京大学、清华大学和中央艺术学院讲学。

E. 朱光潜搜集和翻译了西方美学历史上众多有影响的著作，他编写的《西方美学史》，成为中国美学史上一座横跨古今、沟通中外的“桥梁”。

2. 朱光潜为什么被人们称为“开明人”？请简要分析。

____

____

____

3. 朱光潜先生的课，为何深受学生欢迎？请简要概括。

____

____

____

4. 为什么朱光潜的人生被誉为“美的人生”？请结合材料，谈谈你的看法。

____

____

____

（七）阅读下面的文字，完成题目。

我的师长朱光潜

柳鸣九

朱光潜大名鼎鼎，但毫不起眼，身材矮小，穿一身深蓝色咔叽布中山装，踏一双布鞋，像图书馆的一个老员工。他满头银发，高悬在上，露出一个宽大的额头，几乎占了半个脑袋。他步履稳健，全身透出凝重肃穆之气。

我与朱光潜先生开始有具体的接触，是从北大毕业分配到《古典文艺理论译丛》工作之后的事。

朱光潜的家在燕南园腹地的深处，环境格外幽静。我见到朱光潜的时候，他已经六十多岁，虽然瘦小单薄，白发苍苍，但精干灵便，精神矍铄。他宽而高的前额下一对深陷的眼睛炯炯有神，老是专注地注视着、甚至是逼视着眼前的对象，手里则握着一只烟斗，不时吸上一口，那态势、那神情似乎面前的你就是他观察分析的对象，研究揣摩的对象。他专攻过心理学，写过心理学方面的专著，坐在他面前，你会感到自己大脑里的每一道皱折似乎都被他看透了。

作为学者，他对刊物选题与编译的意见都很明确、干脆，绝不含糊圆滑，模棱两可，而对于刊物之外的任何学术理论问题，他又有严格的界限，绝不越雷池一步，绝不高谈阔论，枝叶蔓延。

如果说我曾经感到他身上有一种肃穆之气的话，在接触之后，我更确切地感到他有一种由内而外、并非刻意求之、而是自然而然渗透出来的威严。

他讲起话来一副非常认真的样子，一口安徽桐城的乡音，听起来相当费劲。他脸上一般是没有笑容的，但有时笑起来却笑得咧着嘴，像是从心底里蹦出来的。这种笑经常是他在讲了一个自认为得意的想法或意见时才有的，而且，这时他会停止说下去，将那咧开了嘴的笑停驻在脸上，眼睛盯着你，似乎在等着你的回应。

几次接触后，我就确切地感到，他是一个很自主的人，很有主见并力求影响别人的人。他绝不跟对方讲多余的话，但当我小心翼翼从业务工作范围里挪出去一小步，恭维他身体很好时，他会很和气，很善意地告诫我：“身体就是要锻炼，每天不必要长时间，但一定要坚持。”当我又称赞他的太极拳打得好时，他以权威的口吻提示我：“跑步，最好的运动是慢跑，每天慢跑半小时，它给我的身体带来的好处最大。”我见过他在校园里跑步的样子，步子不大，节奏不快，身体前倾，姿态有点可笑。

在美学理论王国里，朱光潜是一个矜持、肃穆、有尊严的“王者”。他对他在美学问题上的每一个论敌，不论是什么倾向、什么身份的美学家，从打着马克思唯物主义、现实主义的旗帜，娓娓动听赢得了不少信众的；到有资格的老左翼理论家，乃至哲学美学界的新秀，他都没有放过，几乎给每个人奉送了一长篇大文，或为批评，或为商榷，或为反驳，大有舌战群儒之概，颇有横扫千军的架势。

“文革”前夕，《古典文艺理论译丛》停办，此后我就再没有见到朱光潜。据说，“文革”中，他受到冲击，被当作反动学术权威而挨批斗。直到十年浩劫结束，朱光潜重新活跃在学术舞台上。他受聘于中国社会科学院外国文学研究所，担任该所的学术委员。当时每个研究所都提携了几个已崭露头角的青年人担任学术委员。正是在这个场合，我有幸成为这些学长的“同会者”和“共事者”。

朱光潜先生辞世后，我不止一次地想起他，不论是从学术业绩方面，还是从精神人格方面以及人生轨迹方面。

他著作等身，译文浩繁，西方文艺批评史上、美学哲理史上的几乎所有重大问题，所有名家经典，他无不涉及。只要进入这个领域的每一个地区，都能看到这个思想者——一个小老头的身影坐在那里，握着拳，支着下颌在进行思考。

他的精神人格之所以值得景仰，并经得起推敲，就在于他是一个纯粹的学者。他只专注于学术，心无旁骛。作为学者，他最突出的精神品质是“毅”与“勤”，像他那样作出了厚重的学术业绩，产生了那么大量的论著与译著，并且是以康德、黑格尔、克罗齐、维科等这样一些高难度的人物与文本为研译对象，如果不是每天从不懈怠、坚持长时间艰苦的脑力劳动，那是不可能达到的，这对于早年就已经功成名就、有条件“歇一口气”的老学人更是不容易做到。

朱光潜先生常常使我想起加缪笔下的西西弗斯①。

（本文有删改）

注释：①在古希腊神话中，西西弗斯因触犯了天庭而被惩罚。西西弗斯每日要将一块沉重的石头推上山，每当石头推到山顶就滚下来，于是西西弗斯又得重新将石头往山顶推，周而复始，永不停歇。

1. 下列对材料有关内容的分析和概括，最恰当的两项是（　　）（　　）

A. “朱光潜大名鼎鼎，但毫不起眼，身材矮小，穿一身深蓝色咔叽布中山装，踏一双布鞋”几句，从名气、身材、穿着等角度全面系统地介绍了朱光潜。

B. 作者写朱光潜对于刊物之外的任何学术理论问题，“有严格的界限，绝不越雷池一步，绝不高谈阔论，枝叶蔓延”，旨在说明朱光潜研究领域的局限。

C. 说朱光潜是“美学理论王国的‘王者’”，是因为朱光潜对他在美学问题上的每一个论敌都不曾放过，或批评，或商榷，或反驳，大有舌战群儒之概。

D.“朱光潜先生辞世后,我不止一次地想起他,不论是从学术业绩方面,还是从精神人格方面以及人生轨迹方面”,饱含着“我”对朱光潜的怀念之情。

E. 本文通过肖像描写、语言描写、动作描写、心理描写、神态描写和运用比喻、对偶等修辞手法,把朱光潜这个人物的形象活灵活现地推介了出来。

2. 本文主要写了朱光潜先生的哪些成就或贡献?

______

______

______

3. 朱光潜先生有哪些精神品质?请结合全文简要概括。

______

______

______

4. 文章最后一段有着怎样的意蕴?请简要探究。

______

______

______

(八)阅读下面的文字,完成题目。

材料一:

古希腊神庙

19世纪以来,西方美学界最大的流派是以费肖尔父子为首的新黑格尔派,他们最大的成就在对于移情作用的研究和讨论。所谓“移情作用”是指人在聚精会神中观照一个对象(自然或艺术作品)时,由物我两忘达到物我同一,把人的生命和情趣“外射”或移注到对象里去,使本无生命和情趣的外物仿佛具有人的生命活动,使本来只有物理的东西也显得有人情。最明显的事例是观照自然景物以及由此产生的文艺作品。

移情说的一个重要代表立普斯反对用生理学观点来解释移情现象,主张要专用心理学观点,运用英国经验主义派的“观念联想”(特别是其中的“类似联想”)来解释。他举希腊建筑中的多立克式石柱为例。这种石柱支持上面的沉重的平顶，本应使人感到它受重压而下垂，而我们实际看到的是它仿佛在耸立上腾，出力抵抗。立普斯把这种印象叫作“空间意象”，认为它起于类似联想，石柱的姿态引起人在类似情况中耸立上腾、出力抵抗的观念或意象，在聚精会神中就把这种意象移到石柱上，于是石柱就仿佛耸立上腾，奋力抵抗了。立普斯的这种看法偏重移情作用的由我及物的一方面，唯心色彩较浓。

同属移情派而与立普斯对立的是谷鲁斯。他侧重移情作用的由物及我的一方面，用的是生理学观点，认为移情作用是一种“内摹仿”，在他的名著《动物的游戏》里举过看跑马的例子：

一个人在看跑马，真正的摹仿当然不能实现，他不但不肯放弃座位，而且有许多理由使他不能去跟着马跑，所以只心领神会地摹仿马的跑动，去享受这种内摹仿所产生的快感。这就是一种最简单、最基本、最纯粹的审美的观赏了。

他认为审美活动应该只有内在的摹仿而不应有货真价实的摹仿。如果运动的冲动过分强烈，例如西欧一度有不少的少年因读了歌德的《少年维特之烦恼》就摹仿维特自杀，那就要破坏美感了。正如中国过去传说有人看演曹操老奸巨猾的戏，就义愤填膺，提刀上台把那位演曹操的角色杀掉，也不能引起美感一样。

…………

我还记得50年代的美学讨论中攻击的靶子之一就是我的“唯心主义”的移情作用，现在趁这次重新谈美的机会，就这个问题进行一番自我分析和检讨。我仍得坦白招认，我还是相信移情作用和内摹仿的。这是事实俱在，不容一笔抹杀。我还想到在1859年左右移情派祖师费肖尔的五卷本《美学》刚出版不久，马克思就在百忙中把它读完而且做了笔记，足见马克思并没有把它一笔抹杀，最好进一步就这方面进行一些研究再下结论。我凭对个人经验的分析，认识到这问题毕竟很复杂。在审美活动中尽管我一向赞赏冷静旁观，但有时还是一个分享者，例如我读《史记·刺客列传》叙述荆轲刺秦王那一段，到“图穷而匕首见”时我真正为荆轲提心吊胆，接着到荆轲“左手把秦王之袖而右手持匕首揕之”时，我确实从自己的筋肉活动上体验到“持”和“揕”的紧张局面。以下一系列动作我也都不是冷静地用眼睛看到的，而是紧张地用筋肉感觉到的。我特别爱欣赏这段文字，大概这种强烈的筋肉感也起了作用，因此，我相信美感中有筋肉感这个重要因素。

（节选自朱光潜《谈美书简》）

材料二：

谷鲁斯等人认为引起移情的原因是人的生理活动，移情源自于人的“内摹仿”。但立普斯的观点更可信。他认为，审美移情起源于人的类似联想。人都有一种自然倾向或愿望，要把类似的东西放在同一个观点下去理解，所以总是按照切身经验的类比，去看待身外发生的事件。这就是说，审美的人都有同情心，以自己体验到的某类情感，去类比、理解周围看起来是同类的事物。这种同情，不但及于他人，也及于其他生物及无生物。

审美移情的基本特征是主客消融、物我两忘、物我同一、物我互赠。对主体而言，他完全地沉没到对象中去，在对象中流连忘返，进入忘我境界；对客体而言，它与生命颤动的主体融合为一，实现了无情事物的有情化，无生命事物的生命化。也就是说，在移情之际，不但物我两忘、物我同一，而且物我互赠、物我回还。天地万物不会欢笑，春花秋月也不会悲愁，是人把自己的悲欢移置到了他们身上。《庄子·秋水》篇中，庄子看见鱼儿“出游从容”，于是把自己在出游中体验到的快乐之情移置到鱼身上，觉得鱼在出游时也是快乐的。庄子所述，是典型的审美移情现象。审美移情的功能是人的情感的自由解放。尽管移情不一定伴随美感，但美感则必定伴随移情，因为审美移情能给人以充分的自由。

（摘编自童庆炳《中国古代心理诗学与美学》）

1. 下列对材料相关内容的理解和分析，不正确的一项是（　　）

A. 费肖尔父子在移情作用的研究方面取得了很大的成就，在世界美学史上产生了重要影响。

B. 古希腊多立克式石柱之所以能引发人们耸立上升的感觉，是因为立普斯提出的“类似联想”。

C.《动物的游戏》里看跑马的事例印证了谷鲁斯主张的移情作用是一种“内摹仿”的观点。

D. 依照谷鲁斯的观点，西欧少年摹仿维特之举、中国观众的不冷静行为都是毫无审美的表现。

2. 根据材料内容，下列说法正确的一项是（　　）

A. 朱光潜在读荆轲刺秦时体验到“持”和“揕”的紧张局面，意在说明冷静的旁观者的存在。

B. 综合上述两则材料可以判断立普斯的观点比谷鲁斯移情源于人的“内摹仿”的观点更可信。

C. 西方对移情现象有了较早的理论概括，庄子“鱼之乐”表明我国早已有这方面的理论分析。

D. 李白在诗句“相看两不厌，只有敬亭山”之中把物写成人，物我交融，山可以看人而不厌。

3. 结合材料内容，下列选项中最能体现“移情作用”的一项是（　　）

A. 窦娥的善良、鲁侍萍的真情、哈姆雷特的理想都是有价值的东西，却遭遇到摧残和毁弃，这常常会引起我们心灵深处的悲伤。

B. 袁隆平头顶烈日、脚踩泥土，钟扬献身种子事业、不懈探索，他们高度的责任心和奉献精神令我们感佩和敬仰。

C.《红楼梦》中，林黛玉吟道："花魂鸟魂总难留，鸟自无言花自羞；愿奴胁下生双翼，随花飞落天尽头。

D.《与妻书》中，林觉民写道："吾作此书，泪珠和笔墨齐下，不能竟书而搁笔，又恐汝不察吾衷。"

4. 材料一中朱光潜针对质疑予以回应，请简要分析其说理思路。

____

____

____

5. 清代大画家石涛在描述自己创作的心理状态时说"山川脱胎于予，予脱胎于山川""山川与予神遇而迹化"，请结合材料，谈谈你对石涛之语的理解。

____

____

____

参考答案

一、选择题

1～5　ACCDA　　　　6～10　AAADB

二、填空题

1. 十三　美学方法研究　美学范畴研究　美学实践研究
2. 用形象的语言解释抽象的美学理论　书信体
3. 《文艺心理学》《悲剧心理学》《谈美》《诗论》《西方美学史》《谈美书简》《美学拾穗集》(任选三种填空即可)
4. 学习马列主义　掌握一种外语　学习一门相近的艺术
5. 马列主义美学体系　美与美感　形象思维
6. 典型环境中的典型人物问题　浪漫主义与现实主义问题　悲剧性与喜剧性问题
7. 人性论　人道主义　人情味
8. 立普斯,观念联想
9. 美与丑　崇高与秀美　悲剧与喜剧
10. 美是主客观的统一

三、判断题

1～5　√××√×　　　　6～10　√√×√√

四、材料概括分析题。

(一)

1. “崇高”指对象有巨大的体积或雄伟的精神气魄,具有阳刚之气;“秀美”指对象娇弱阴柔。
2. ①说明“崇高”与“秀美”的现象包罗万象;②证明崇高感与秀美感是普遍存在的;③说明美感是复杂的。
3. ①作者认为“刚柔相济,是人生应有的节奏”。②崇高可以鼓舞人消除鄙俗气,提高人格;秀美可以激发人对较弱对象的同情和喜爱。③这两种审美范畴都能让人产生愉悦感。④体现了美感的复杂性。

（二）

1. ①作为所写出的客观现实的趋势，自然而然地表现出来。②借助于作品中的形象（场面、情节、人物）来表现。

2. ①一个作家的毕生生活经验、文化教养和时代风尚形成他的“倾向”。②这种“倾向”是作家的思想和情感交融的统一体，形成作家的人格的核心。③作家不是用概念，而是借助于作品，形成风格，形象化地表现他的人格。

3. ①反对教条和公式化、概念化，反对用概念性思想来指导、约束甚至吞并具体的形象思维。②文艺不但要有理，而且要有情，情理交融的统一体才形成作家人格，才形成真正伟大的文艺作品。

五、阅读题

（一）

1. C　2. C　3. D

（二）

1. D　2. A　3. D

（三）

1. A　2. D　3. C

（四）

1. B　2. C　3. A

（五）

1. C　2. B　3. A

（六）

1. AB

2. ①改革教育，开展启蒙运动。提出“教育独立自由”等主张，希望通过新型教育实现教育救国。②与开明书店有不解之缘。创办开明书店和面向中学生的《一般》杂志，自己的许多著述在这些杂志上发表。③所著对青年有积极影响。著述指导青年如何做人做学问，并引导他们健康成长。

3. ①学问深厚：是一个纯粹的学者，授课外籍教授也难以企及；②讲课有吸引力：语言精练清楚，举例妥帖易懂，深入浅出；③学术品格受人景仰：学术上勤奋执着、诚实本分。

4. ①研究“美”：是一位赢得崇高国际声誉的美学大师，一生专注于美学研究，美学论著蜚声海内外学术界。②传播“美”：美学著述影响深广，且立足于大学课堂，美学课广受欢迎。③情怀美：关心国事，有崇高的爱国情怀，以教育救国为己任，创办私学与杂志，对青年进行启蒙教育。④品格美：勤勉踏实，坚毅执着。以这样高尚的精神品格潜移默化地影响着青年学生。

(七)

1. DC
2. ①他对《古典文艺理论译丛》的选题与编译提出了明确的意见;②他在心理学方面颇有研究,对读者影响深远;③他舌战群儒,在美学领域有着自己独特的建树;④他涉猎广泛,著作等身,译著浩繁。(概括合理即可)
3. 精神矍铄;肃穆、威严而又不乏和气;认真、矜持而又不乏善意;干脆、专注、纯粹;自主、有尊严;坚毅、勤勉、从不懈怠。(概括合理即可)
4. 一是意在表明西西弗斯与朱光潜先生同样有着不幸的遭遇:西西弗斯因触犯了天庭而受到"推石头上山"的惩罚;朱光潜先生因十年浩劫的"文革"而遭到冲击,被当作反动学术权威受到批斗。二是意在表明西西弗斯与朱光潜先生同样有着始终不渝的精神:西西弗斯不断推石上山,周而复始,永不停顿;朱光潜先生为学术事业、为坚持真理而孜孜以求,坚持不懈、锐意进取、永不停歇。(言之成理即可)

(八)

1. B
2. D
3. C
4. 首先明确自己的观点,相信移情作用和内摹仿是事实俱在的;然后用马克思阅读费肖尔的五卷本《美学》佐证自己的观点,倡导继续研究后再下结论;最后用自己的读书体验来说明内摹仿的存在。
5. ①石涛之语体现出审美移情中的物我互赠、物我回还的境界;②作者完全沉浸到"山川"中去,进入忘我境界,与"山川"融合为一,让"山川"也有了情感;③作者处在"山川"和"我"物我两忘、物我同一的最佳创作状态。